华为铁三角工作法

范厚华 ◎ 著

中信出版集团 | 北京

图书在版编目（CIP）数据

华为铁三角工作法 / 范厚华著 . -- 北京 : 中信出版社 , 2021.11 (2025.11重印)

ISBN 978-7-5217-3601-4

Ⅰ . ①华… Ⅱ . ①范… Ⅲ . ①通信企业－企业管理－经验－深圳 Ⅳ . ① F632.765.3

中国版本图书馆 CIP 数据核字 (2021) 第 187351 号

华为铁三角工作法

著者： 范厚华

出版发行：中信出版集团股份有限公司

（北京市朝阳区东三环北路 27 号嘉铭中心 邮编 100020）

承印者： 北京通州皇家印刷厂

开本：787mm×1092mm 1/16 印张：18.5 字数：207 千字

版次：2021 年 11 月第 1 版 印次：2025 年11月第19次印刷

书号：ISBN 978–7–5217–3601–4

定价：69.00 元

目录

第 4 章 / 155
铁三角销售团队的激励和管理

第 5 章 / 193
可复制的铁三角

推荐序 1

8900 亿[①]背后的销售管理体系

中国人民大学商学院院长　毛基业

市面上写华为的书不少，但很多是道听途说或基于二手资料，真正能把华为的故事讲好讲透的很少。写销售管理的书更是汗牛充栋，但真正能够理论联系实践，而且有独到见解的更是九牛一毛。为什么这本关于华为销售法的书值得一读？我认为有以下三个主要原因。

第一，作者的独特经历使其成为最有可能写好华为销售法的人。厚华是经过国内外市场洗礼的销售高手，在华为有 17 年的实战经验，深谙华为的销售之道。他曾从零开始为公司开辟新市

① 2020 年华为实现销售收入 8914 亿元，数据摘自华为 2020 年年报。——编者注

场，拿下大客户，啃下难啃的骨头。更难得的是，他还以导师（咨询顾问）的身份，指导过多家公司重构营销职能，显著提升了它们的销售绩效。后面这个经历让他能够系统性提炼和升华他多年积累的实战经验、专业知识和能力。这个经历是个难得的组合，让他以独特的视角，讲出亲身经历的故事，以及背后的底层逻辑。

我常年在商学院教书，践行案例教学，讲自己去企业调研后收集的案例感觉最好，最得心应手。但很多企业有优秀实践，却没有人去总结；即便有总结也总是不到位，就事论事者居多。现实生活中的一大遗憾是，会干的通常不会讲，会讲的又没干过，难怪能成为优秀教练的顶尖运动员很少。这让我想起一个有趣的类比。尽管我打过20多年网球，由于缺乏系统训练，所以技术水平非常一般。其间接受过无数高手的点拨，包括退役国家级专业运动员的点拨，但迄今为止帮助最大、最受用的点拨来自本校体育部的一位网球业余爱好者，他的主业是排球教师。他有丰富的教学经验，因而善于识别问题、善于理论联系实践，给出实用建议。

第二，华为是个奇迹。华为的成功也是管理的成功，正如任正非所言，“公司之间的竞争，说白了，就是管理的竞争”。坚决地学习和引进西方的先进管理流程是华为创造奇迹的重要因素之一。通过长期与国外管理咨询公司合作，华为系统性、全方位地将国际先进管理流程移植过来，构建了世界级管理体系，为华为腾飞奠定了基础。经过长期在实战中的锤炼，华为已经把这些先进的管理体系吸收、内化，现在到了输出、赋能中国企业的时候。

对于中国企业来讲，学习华为已经本土化的管理体系比直接从西方引进更有效。

因此，凡是能够把华为的故事讲好的书，都值得一读。我曾亲耳听德邦物流创始人兼董事长崔维星说过，“我什么都不学，只学华为”。从长远来看，我认为华为对中国和世界的贡献，远不止一流的通信设备和消费电子产品，更重要的是华为的管理体系，以及多年培养的华为人。华为的成功既有流程化管理体系的功劳，也离不开任正非的卓越管理思想与智慧，本书自然会较多涉及。书中多处引用了任正非的原话，例如，“什么是核心竞争力？客户选择我而没有选择你，就是核心竞争力”。华为的管理方法和实践通过像厚华这样的华为人，可以辐射更多的中国企业。对于绝大多数中国企业来讲，越是缺乏流程化管理，学习华为方法的收益越大。

第三个原因，其实也是最重要的一个，是本书的内容。它聚焦在华为的销售体系，因为聚焦所以才讲得极为透彻和深刻。本书系统性介绍了华为的销售铁三角以及从线索到回款（LTC）的端到端的流程保障体系，从而使得销售从不确定走向确定。核心是一靠流程，二靠团队，而前提是一心为客户创造价值的理念。因此本书的前两章是讲销售的理念和指导原则（一切销售的前提都是为客户创造价值），第三章讲 LTC 流程，接下来的两章讲销售团队构建，最后一章讲销售工具和实用方法，道、法、术、器全覆盖。管理的三个核心关键词是目的性、组织性和系统性，本书正是从这三个角度诠释了华为的高效销售管理体系。

在这个销售体系中，最重要的是流程。销售是企业的龙头，但很多企业都高度依赖销售员工，最难招聘的是优秀的销售总监。优秀企业应该通过流程来实现销售绩效和整体的运营优化，而不是依赖“金牌销售”和业务员的个人能力。本书介绍的 LTC 流程来源于最佳销售实践，把经验、工具、模板固化在流程中。采纳 LTC 流程的结果是，即使是资质一般的销售人员，只要对 LTC 流程有充分的理解，严格按照流程执行，也大多能取得不错的效果。因此，流程是组织能力的基本保障。

如何构建销售团队，作者认为“打铁还需自身硬，找对人远比改变人重要”，因此，团队的构建从选择适合做销售的人开始，需要借助量化的方法加以评估。然而，“人在一起只是团伙，心在一起才是团队”。因此，华为一线销售团队的奖金分配不采用销售提成制，而是基于目标达成率的“奖金包分配模式”，按照“贡献和利润分享制”，辅以项目奖励，通过激励机制实现集体与个人的利益平衡。这样构建的铁三角才能够“紧紧抱在一起，生死与共，聚焦客户需求的共同作战单元。它们的目的只有一个：满足客户需求，成就客户的理想”（任正非语）。

本书的一个特色是实用性和实操性强，尤其是附录的“销售人员工具箱”，任何企业的销售相关的人员都可以自行学习借鉴。本书把深刻的道理用浅显的语言讲出来，用精彩案例故事说明白。书中的金句很多，例如关于销售漏斗的应用，作者认为，“只有确定才能量化，只有量化才能管理”“客户声音就是闪闪发亮的黄金”“不要对客户说你的产品有多牛，而要说你的方案对他有什么价值！”“失败的准备就是准备失败！”这些金句内涵丰富，特别值得所有的管理者和销售团队揣摩和感悟。

销售铁三角和LTC流程有非常广泛的适用性。最开始读此书时，我怀疑书中介绍的体系是否局限于高科技产品销售，特别是技术装备销售，读到后面发现，其实书中的销售铁三角适合很多行业，甚至服务业。例如，我在一家新媒体公共服务公司也经常听到销售副总抱怨方案设计团队理解客户真实需求不够，执行团队出现各种交付问题。其实他们也需要这样的铁三角和LTC流程，尽管这样的服务性媒体与华为相比行业差异极大，但最大的痛点仍然可以用书中讲的铁三角解决。

希望本书能够让更多的人从华为的管理理念、体系和方法中受益。

推荐序 2

铁三角工作法让销售从不确定走向确定

华为前海外地区部总裁、全球行销副总裁　王维滨

近些年，常常有企业问我这样一个问题：市场充满不确定性，为什么华为在市场上可以不断地取得成功？

今天，这本书给出了很好的答案。铁三角销售法是华为三十年来在销售领域积累的智慧结晶。它来自实践，同时又在实践中得到了检验。华为市场一线的铁三角组织和与之配套的 LTC 流程是华为在市场上不断取得胜利，并持续引领市场的法宝。

铁三角销售法并不神秘，它是华为公司“以客户为中心”的思想在客户界面的集中体现。这种销售方法首先体现在组织上，通过设置客户经理、方案经理和交付经理所形成的铁三角，将为客户服务所需要的主要能力，一直延伸到客户界面，并统

一运作。从客户角度，通过确定的组织、角色和规则，形成为客户端到端的服务能力，不仅最大限度地抓住机会，并且保证客户的服务质量。对于公司而言，一线市场的铁三角组织可以将公司的能力最大限度地综合化，为经营结果承担端到端的责任，从而实现成长与效益的平衡，让市场最大限度地从不确定性走向确定性。

其次，铁三角销售法体现在流程保障上，其本质是来自企业内部和外部优秀业务实践的总结，是业务的底层逻辑，LTC 流程帮助华为更早和更快地发现、挖掘销售线索，并将销售线索不断转化成销售机会，然后通过销售机会的培育和管理，将机会升级成销售项目，再通过销售项目的系统运作和管理，大幅度提升公司的销售效率和项目成功率，保证了公司的商业成功。

有些人说销售是一门艺术，其实它更是一门科学。市场是多变的，而且往往是起伏不定的，面对市场的不确定性，华为公司正是由于采用了铁三角销售法，将不确定性的市场转化为确定性的销售项目、销售流程与运作规则，建立了铁三角组织的运作机制，从而实现了公司从几十亿到几百亿，几百亿到几千亿的有效增长。

铁三角销售法并不是只有特定公司才能适用，我认为它具有普适性。虽然每个公司的产品不同，所面临的发展阶段也不相同，但是其市场销售背后的管理逻辑是一致的。作为一个企业，需要将为客户服务的各项能力尽量延伸到客户界面，并使这些能力能够有效协作，最大限度为客户成功和企业自身的商业成功服务。在这个过程当中，如果可以将企业的优秀经验用基线、规则、流程和运作机制等方式固化下来，企业中的所有人就可以像最优秀的人一样工作，从而大大提高工作效率，实现人才及优秀经验的复制。范厚华先生及其创办的传世智慧科技有限公司的实践也证明，铁三角销售法同样可以帮助其他公司成功。那些与传世智慧合作采用铁三角销售法的公司，其销售能力和业绩都获得了迅速的提升！

我推荐这本书还有一个原因，那就是作者本身就是这种销售方法的实践者。范厚华先生在华为的工作经历中，从华为铁三角的成员开始，历任华为系统部主任、代表处代表和片区副总裁。全面参与了华为国内市场和国际市场的探索和经验总结，其本人就是华为铁三角销售法形成的实践者和管理者。从海外调回华为总部后，他又成为华为 IFS（集成财务服务）变革项目群及 OTC（从机会点到回款）变革项目的总体负责人之一，同时他也是华为 LTC（从线索到回款）变革项目的重要成员。华为的 IFS、LTC 变革被证明是成功的，范厚华先生和传世智慧这几年在众多企业施行的铁三角变革实践也取得很大成功，所以他是适合写本书的人。

本书中所采用的大量案例来自作者的亲身经历，这本书理论与实践相结合，既能帮助您了解铁三角销售工作方法，又具有非常好的可读性，是一本不可多得的好书。

当今世界，中国企业面临着前所未有的挑战和机遇！衷心希望中国能出现更多的华为！也希望本书能帮助更多的企业成长！

推荐序 3

真正理解华为铁三角的运作机制

宁波诺丁汉大学商学院李达三首席教授，丹麦哥本哈根商学院教授

李平

现实生活中最稳固、最基础的结构就是三角形。最精锐的军队作战队形，因为呈三角形而兼备个体进攻性和团队协同性。三角形的独特优势，使其拥有广泛的实践应用，包括管理领域。

华为铁三角模式声名在外。本书的主题是对华为销售体系进行深入探索，提供系统性总结，其核心内容是阐述华为通过独特的铁三角组织模式，构建从线索到回款流程（LTC）的端到端保障体系，让销售从模糊走向明确的底层逻辑。

同时，本书也为企业转型尤其是组织架构变革提供了强有

力的实践基础。基于此，我向关心企业管理体系变革的读者强力推荐此书！

接下来，我从三个方面谈谈我对这本书的看法。

第一，虽然铁三角的产生带有一定偶然性，但其必然性源自正在涌现的“VUCA+”情境，即“VUCA+新颖性”。VUCA（volatility——易变性，uncertainty——不确定性，complexity——复杂性，ambiguity——模糊性）是从美军作战实践经验借用到企业管理领域的一个高频词组，是对业务场景的高度概括。目前，几乎各行各业都强烈感受到VUCA情境的巨大影响。此外，英国牛津大学商学院几位实践型教授提出另一个概括情境的词组TUNA（turbulent——多变的，uncertain——不确定的，novel——新颖的，ambiguous——模糊的）。TUNA与VUCA的主要不同在于用“新颖性”替代了“复杂性”。我们可以将“新颖性”理解为前所未遇的全新场景（例如新冠病毒），对此已有经验与知识基本失效，产生应对该场景的全新挑战。因此，TUNA对VUCA做了非常有益的补充，让我们联想到管理中经常提到的另一个词，即“盲点”（blind spot），也称“灯下黑”。如果这个盲点不具有新颖性，VUCA要素不足以对企业管理产生关键性挑战。不管情境多么易变/多变、不确定、复杂、模糊，如果万变不离其宗，没有全新状况出现，我们依然可以采用我们熟悉的手段加以应对，可能会有短期、轻微的挫折，但绝不至于陷入长期困境与危机。然而，如果产生全新状况，过去行之有效的习惯性手段因此失效，企业必然陷入严重困境与危机；如果不能及时找到创新手段，企业就会破产死亡。我们认为，将新颖性补进 VUCA 非常必要。我们将加入新颖性之后的 VUCA 改称为“VUCA+”（加入新颖性）。正是“VUCA+”情境将铁三角组织模式变成必要的与迫切的，因为企业在此情境下特别需要“让听得见炮火的人来呼唤炮火”。这就是铁三角成为必要与迫切的底层逻辑。

第二，外界大多不知道华为铁三角组织模式其实包含两个具体不同层面：一个是项目团队层面的铁三角，另一个是客户系统部层面的铁三角。外界熟悉的是华为项目团队层面的铁三角，却不了解华为客户系统部层面的铁三角。

基于短期性项目而构建的铁三角高度灵活，是直接面向客户最前沿的企业一线组织单元，也是企业内部最小的经营单元。与此有所不同，客户系统部层面的铁三角则相对长期固定，同时也是项目团队层面铁三角各个角色的重要来源（不是唯一来源），以及项目铁三角业务能力的主要建设平台。但是，与项目团队层面的铁三角一样，客户系统部层面的铁三角也是直接面向客户最前沿的企业一线组织单元，以及企业内部最小的经营单元，二者唯一的区别就是组织形态不同，前者灵活，后者固定。

从三台架构视角来看，项目团队层面的铁三角与客户系统部层面的铁三角均属于前台组成部分，只是具体组织形态有所不同。前者是非长期、非固定的临时团队组织形态，类似“流水的兵”，而后者则是长期、固定的组织形态，类似“铁打的营盘”。

项目团队层面的铁三角由三类角色组成，包括客户经理、方案经理、交付经理。这些职责针对具体的项目进行人员任命，受项目运作时间的约束，对项目的经营结果负责，因此类似“流水的兵”。而客户系统部层面的铁三角也由三类角色组成，包括客户总监、方案总监、交付总监。这些职责针对具体的客户进行人员任命，是固定职位，长期存在，进行客户的深度耕耘，因此类似“铁打的营盘”。

第三，与所有图书一样，此书也有可以改进之处与提升空间。

整体而言，此书最大的优点是对项目团队层面铁三角的单兵作战能力，特别是客户负责人的作战能力的阐述非常透彻。然而，有关交付负责人作战能力的阐述略显不足，需要进一步说明其职能的关键所在；有关方案负责人作战能力的阐述则更弱，需要补充。

此书最需要提升之处在于深入说明铁三角中各个企业组织运作的独特职能作用，尤其是从三台架构视角讲明前台、中台、后台三大组织构成部分之间的内在关系。例如，需要明确说明项目团队层面的铁三角（如同“流水的兵”）与客户系统部层面的铁三角（如同“铁打的营盘”）之间的关系。从这个视角来看，铁三角演变发展的三个阶段（1. 跨部门团队，包括共同目标、聚焦客户服务、权责利分明；2. 平台化建设，包括特种部队协同、多个中心、公司大平台；3. 流程型组织，包括业务流主体、授权机制等）可从三台架构视角深入阐述，因为在企业整体组织架构背景下说明铁三角会更为有效。

因此，我特别希望大家更多注意三台架构，以此进一步深入理解铁三角组织模式在企业整体三台架构中的必要职能与独特作用。由于“VUCA+”情境，企业管理体系的切入点不再是人们习惯认定的职责功能（例如，人、财、物等），而是动态的业务场景，因此精准区分业务场景成为企业管理体系的基础与切入点。我们可以依据价值链中价值创造过程划分四个场景层级：第一层是战略管理，可以类比军队中军委总部的职责功能，包括发展方向的抉择与把控，以及企业文化的形成与传承；第二层是专业资源/能力管理，可以类比军队中各个军兵种的职责功能，包括专业资源/能力的基础建设；第三层是区域资源/能力管理，可以类比军队中各个战区的职责功能，包括区域资源/能力的综合配置；第四层是一线实操，可以类比军队中各个前线作战部队的职责功能，包括围绕客户和技术的两大流程，以及流程中资源/能力的具体应用。总体而言，战略管理的核心是与企业发展方向选择与多目标整体平衡把握有关的后方领导力，或称“后台”；一线实操的核心是与发挥活力与服务顾客有关的前线领导力，或称“前台”；将以上两者联系起来的正是涉及资源/能力管理的第二层与第三层，它们共同扮演赋能平台或称“中台”（第二层为“后中台”，第三层为“前中台”）的角色，为一线实操提供超越前台有限资源/能力以上的共享资源/能力。企业规模越大，这种“前中后”配置的“三台组织架构”的趋势越明显。从这一视角来看，企业管理体系迫切需要从第一层朝其他三层授权，越往下越迫切，同时也越难，而授权要求最为迫切、挑战最大的场景正是负责一线实操的前台。“让听得见炮火的人来呼唤炮火”指的就是这个最亟待解决的场景。由此，大家可以进一步理解铁三角在企业成长过程中的必要性与迫切性。

前 言

构建敏捷铁三角，锻造打胜仗的团队

经过40多年的改革开放，中国GDP（国内生产总值）由1978年的0.15万亿美元增长到2020年的14.7万亿美元，增长了98倍。伴随着中国经济的迅猛发展和各种政策红利、人口红利、出口红利、资源红利等，中国企业也得以迅速发展，逐步走向市场化和国际化。庞大的市场需求推动了中国企业的迅速成长，部分企业甚至可以用“野蛮生长”来形容。

汇川技术股份有限公司董事长朱兴明先生说：“中国已经成为世界制造业的中心，这个地位是不可动摇的，未来的制造会从原来的低端制造逐渐往高端制造发展。”

进入21世纪的第二个十年后，各种基础红利的作用慢慢消失，疫情、国际政治局势风云突变，一个又一个“黑天鹅”事件轮番冲击着世人的惯性思维，商业世界首当其冲。易变

（volatility）、不确定性（uncertainty）、复杂（complexity）和模糊（ambiguity）成为新时代的主旋律，也有人由此将当今时代称为“VUCA 时代”。很多企业在快速发展之后面临的问题也逐渐暴露出来，特别是对直接面向客户的销售团队提出了巨大的挑战。正如杭锅集团董事长王水福先生所说：“原来都是短缺经济，干什么都能赚钱。原来的观念是以量取胜、以规模取胜，但是现在的社会发展太不一样了。”

我近年来调研了大量的公司，发现大部分企业在市场上都存在下面的一些挑战或问题：

1. 产品同质化，靠价格竞争，利润空间越来越小。
2. 企业有雄心壮志，但销售组织能力跟不上。
3. 销售全凭员工个人经验，没有系统的套路和打法。
4. 销售、技术、交付等部门协同性差。
5. 过多依赖销售精英，一旦个别销售精英离开，不仅带走客户关系，还带走项目。
6. 除了客户关系很重要，还有哪些因素可以帮助项目取得成功？

……

以上问题，我相信大多数企业或多或少都遇到过，如鲠在喉。如果不能系统性地解决这些问题，企业就难以保持高质量的发展。如何突破发展的桎梏，系统性地提升能力，走出市场的混沌，与世界一流企业争雄？作为国内最优秀的科技公司之一，华为在学习借鉴世界级大公司的最佳实践的基础上，结合自身的业务发展，对此做了大量的探索，形成了一套独特的销售方法和管理体系，并在企业发展过程中不断改进和完善。正是这样的销售和管理体系，支撑了华为销售额从 1996 年的 26 亿元增长到 2020 年的 8914 亿元。

本书对华为销售体系进行了系统性探索和深入研究，总结了华为通过构建敏捷的铁三角及从线索到回款流程（LTC）的端到端保障体系，让销售从不确定走向确定的底层逻辑。同时结合了我在华为从基层销售人员成长为高层主管期间的部分亲历的故事，以及我最近几年从事咨询工作，给各大中型企业开展管理咨询和管理赋能的实践中，企业应用铁三角销售法的很多成功案例。

如果你是一个奋战在市场一线的销售人员，相信本书可以给你以启迪，开启你的销售智慧，提升你的销售技能；如果你是一个销售团队的主管，相信你从本书中可以学习到如何协同团队，攻坚克难；如果你是一家企业的高管，相信从本书中可以领悟到什么是企业销售的成功之道，如何系统性地提升企业的销售能力，通过成就客户来成就自己的企业！

第 1 章

铁三角工作法的缘起和发展

铁三角：最具进攻性与协同性的销售模式

大家都知道，在几何学中，两点成线，三点成面，在有了面的基础上，才能构造形状各异的三维世界。因此，在自然界中，最稳固、最基础的结构就是三角形。一旦三角形的边长确定后，内角也随之确定，形状便不会再发生变化。角与角之间相互支撑，互为犄角，最为稳固。古巴比伦的空中花园和古埃及的金字塔同为古代世界的建筑奇迹，两相对比，空中花园早已不见踪迹，而埃及的金字塔却能历经几千年的地质变化和战火硝烟存留至今。

在古代兵法中，最具攻击性的阵法是什么？答案或许多种多样，每个将军都有自己最擅长的攻击阵法。正所谓兵无常势，水无常形，运用之妙存乎一心。但无论如何，都绕不过一个基本阵法——锋矢阵。顾名思义，锋矢阵的形状类似一枚锋锐的箭矢，最精锐的军队呈三角形，被放置于队伍前方，攻破敌方阵地缺口，牵动中军及后方大部队向前突击，所向披靡。

为什么答案又和三角形有关？因为三角形具有极强的攻击属性。有一种木匠工具叫楔子，或许很多人都见过，这是一种非常简单的工具，由两个斜面组成一个三角形状，只需要一个很小的突破口，绝大部分坚固的物件都会被楔子轻易地分为两半。

以上两个看似与本书无关的小问题，实则十分重要。销售是需要兼备个体进攻性和团队协同性的工作，没有进攻性便拿不下订单，这个道理显而易见；而没有团队的协同配合，即便拿下了订单也无法长期为客户提供让其满意的产品或服务，客户满意度自然无法提升，也就失去了复购和转介绍的可能。

让我们来看看下面这个案例。

甲公司在某地的代理商王总带队去参加某个项目的招投标。对这家公司而言，这个项目的难度并不大，王总早在半年前就带领团队投入该项目。原本有着十足的把握，但因为王总带去参与竞标的销售人员，在相关技术方面的水平和准备不足，无法有针对性地为客户提供技术解决方案，与竞争对手相比存在明显差距，以致客户十分不满。

煮熟的鸭子眼瞅着就要飞走了，王总团队的小伙伴们加班加点忙活了大半天，依然无法拿出令人满意的方案，这让王总十分着急。为了挽回这个项目，凭借多年来与客户积累的良好关系，王总争取到了第二天早上9点再进行一次项目说明的机会。

机会是争取到了，但直至深夜，小伙伴们对技术方案还是一筹莫展，这让王总寝食难安。无奈之下，他想向甲公司与其对接的销售经理小李寻求支持，一看时间已是凌晨1:30，这个时间打扰小李休息肯定不妥，但王总实在是别无他法，只好拨通了小李的电话。

让王总意外的是，小李很快便接听了电话，态度十分友好地与他进行了简单沟通。在了解了问题的关键后，小李对王总说："您先不要着急，半小时后我给您答复。"王总辗转反侧了半个小时左右，小李的电话如约而至。

在电话中，小李说道："王总，我们公司在北京的分公司有个技术方面的专家老黄，他受过专业的招投标训练。我跟他说了您的事情，他会搭乘今天早上的早班飞机去您那里，票已经买好了，7点左右便能抵达。还请您和小伙伴们辛苦一下，今天就别睡觉了，简单做些准备，去机场接上老黄直接去参加项目澄清会。当然，您得在路上跟他详细介绍一下咱们这次招投标的情况，也好让他有个准备，便于进行技术方案澄清。"

王总听了小李的答复，赶忙称好，天还没亮就叫上团队中的其他小伙伴，一起去机场接老黄，并在车上向老黄详细介绍了招投标的相关情况以及遇到的难题，于9点之前准时赶到了招投标会场。

老黄在技术方面有着极深的素养，也受过相关的招投标训练，让王总团队十分为难的问题在他眼中只是小菜一碟。果不其然，在技术方案澄清过程中，老黄对方案的详细讲解和技术细节解答彻底消除了客户的顾虑，王总团队在后面的技术评分中名列前茅，最终顺利拿下了这个项目。

事后，王总十分激动地给小李打电话，感谢之情溢于言表，并对小李在这么短的时间里组织调动到像老黄这样的资深技术大拿深表佩服。

这是一个在销售工作中十分常见的工作场景，相信大家都不会陌生。销售人员经常像案例中的小李那样，需要其他领域的同事（如老黄）的协助与配合，共同完成一些需要攻坚的事情（与代理商一起为客户提供服务，打消客户对技术方案的疑虑）。

大家不妨思考一下，如果你所在的公司遇到类似的情况会如何处理？能否像案例中那样，在极短的时间内，让问题有一个圆满的解决方案？

在遇到这种情况时，大多数公司的销售经理往往会采取以下流程进行处理：

第 1 步，小李要向他的直属上级说明情况，并寻求帮助；

第 2 步，小李的直属上级经过再三思考之后，给老黄的上级打电话；

第 3 步，老黄的上级在了解情况后，给老黄打电话，让他来解决这件事；

第 4 步，老黄通过电话或者网络订到机票，并给上级打电话说明情况；

第 5 步，老黄的上级打电话给小李的上级，跟他说已经将事情安排给了老黄，附带说明老黄抵达的时间；

第 6 步，小李的上级打电话给小李，转告他事情已经安排妥当，应让王总方面及时接机，并向老黄详细介绍项目情况；

第 7 步，小李给心急如焚的王总打电话，将解决方案告知王总。

以上步骤，总共需要至少 7 次沟通，整个流程即便是在上班时间，半个小时都稍显不足。要知道这件事情发生在凌晨 1：30，这可是大多数人的睡眠时间，半个小时内能进行两到三个沟通就已经难能可贵了，要想完成全部 7 次沟通，基本属于痴人说梦，处理不当还容易引发同事之间的矛盾，更别提小李的领导和老黄的领导还有可能需要向更上一级的领导请示，将整个沟通步骤和时间拉得更长。

那么甲公司是如何做到在短短的半小时之内，就对代理商王总的临时需求做出响应并最终圆满解决的呢？实际上，案例中的这种情况是华为销售人员经常面对的场景，对华为来说，仅是家常便饭而已，再正常不过。小李和老黄，其实同属于一个销售团队，在需要彼此支持配合时，原本就应该直接打电话寻求帮助，这在华为被称为铁三角销售法（见图 1–1）。

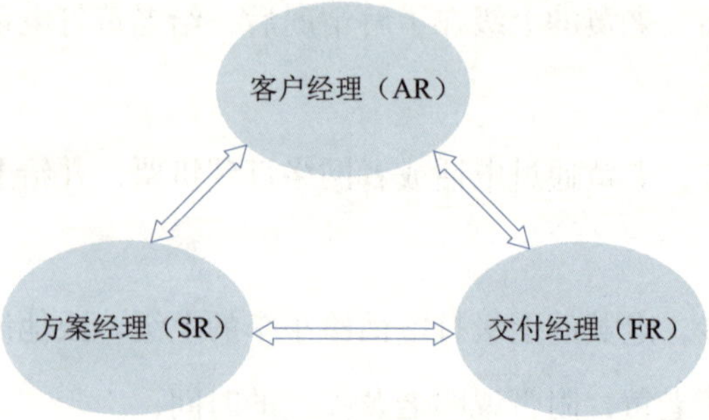

图 1-1　铁三角销售法示意图

铁三角由三个角色组成：第一个是客户经理，或者叫作销售经理，简称为 AR（account responsible，客户负责人），主要负责客户关系、业务需求管理、商务谈判、合同与回款，也就是案例中的小李。

第二个是方案经理，简称为 SR（solution responsible，产品方案负责人），主要负责产品需求管理、产品与方案设计、报价与投标、技术问题解决，也就是案例中的老黄。

第三个是交付经理，简称为 FR（fulfill responsible，交付负责人），主要负责从订单、制造、物流、安装到交付验收的项目管理。由于实际情况限制，这个角色在上述案例中暂时没有上场的机会，在后文中会有详细说明。

客户经理、方案经理和交付经理，三个角色共同构筑了一个三角形的攻坚团队，彼此支持、密切配合，通过极其迅速的响应机制，能够在最短时间内，端到端及时响应客户需求，为客户提供全面的解决方案，将销售工作最需要的进攻性与协同性融于一体。

华为的铁三角销售法开始于2007年，距今已有13个年头。2020年，在席卷全球的新冠疫情和剧烈变化的国际形势面前，华为依然逆势取得了8914亿元的销售收入，同比增长11.2%，铁三角销售法功不可没。

关于铁三角销售法，任正非有一个十分经典的点评：**“铁三角并不是一个三权分立的制约体系，而是紧紧抱在一起生死与共、聚焦客户需求的共同作战单元。它的目的只有一个：满足客户需求，成就客户的理想。”**

从表面上看，铁三角销售法是一种销售战术，但究其本质，是华为在过去十多年里一直提倡的流程型组织在客户端的具体实现模式，更是“以客户为中心、为客户创造价值”经营思想的具体体现，而且这种模式适用于绝大多数现代企业。

华为铁三角模式的演进

世界上没有无缘无故的爱恨，也没有无缘无故的变革。华为每一场变革的原始动力，都来源于客户需求，来源于对客户价值的尊重和创造。这一点从 1987 年华为创办伊始至今，从未发生过改变。毫无疑问，铁三角销售法是华为的一次极其成功的变革成果，换句话说，华为铁三角销售法的胜利，其实是“以客户为中心”理念的胜利。

然而风起于青萍之末，每一座手可摘云的高楼大厦，都是从挖下地基的第一铲土开始的。华为铁三角销售体系的第一铲土，还要追溯至一次失败的项目投标。

2006 年 8 月，在努力了两个月后，华为苏丹代表处的小伙伴们却迎来了投标失败的结果。在总结会上，大家提到了一些现象，引起了代表处主管的特别注意。

当时，客户召集网络分析会，代表处派了七八个人去参加。在客户提出相关问题时，每个人都忙着解释自己领域的问题，却没有人在意总体解决方案。这让客户方的CTO（首席技术官）大为不满，扯着嗓门抱怨道："我们要的不是一张数通网，不是一张核心网，更不是一张简单的传输网，我们要的是一张可运营的电信网！"

此外，考虑到客户处于地广人稀的沙漠地区，竞争对手在他们的标书上为客户设计出了太阳能和小油机发电的"光油站点"，而华为团队给出的竞标方案还在使用传统的大油机，明显没有充分关注到客户运营成本的压力。

这是一个不该发生的错误，华为客户端的负责人在前期与客户交流时便已获取了客户的相关需求与信息，但没有及时有效地将其传递给产品端的小伙伴。而产品端的小伙伴受制于各自业务部门的属性，同时受到传统报价模式的影响，没有给客户报出一个整网的解决方案，以致最终投标失败。

（信息摘自华为人访谈案例）

诸如此类的细节还有很多，但无一受到重视。从表面上看，这或许是因为华为苏丹代表处的业务量增长过于迅速，很多小伙伴到岗没多久，以及管理滞后造成的人员疲于奔命。但表象背后暴露出来的是组织架构与客户端的需求不匹配，绝大多数人还在按照传统模式运作，客户经理不懂产品，产品经理不懂交付，交付经理不涉及客户界面，每个产品部只是简单地沿用在国内的报价模式，只关注自己的一亩三分地，缺乏统一协调的整网解决方案。对于异国客户的特殊需求，当时的华为采取的大多为被动响应模式，败北的种子早已埋下。

幸运的是，华为苏丹代表处很快便从这次失利中吸取了教训，他们充分意识到了问题的严重性——要想在异国市场重新打响名号，就必须及时对自己的销售组织和模式加以调整，个中关键便在于做实客户界面。

2006年年底，代表处任命小波、小清、小王三人，共同组成了客户系统部的核心管理团队。小波统一负责客户关系，大部分时间以他为主心骨，负责把握客户关系的拓展和管理，比如什么时候该做什么动作，如何在关键时刻发现机会点，等等；小清负责产品与解决方案工作，在识别关键机会点后，他负责组织资源设计出体现客户价值的整体解决方案；小王统一负责交付，在方案报价的前期就及早介入，确保投标的方案具有可交付性，并且在后期实施的交付由他统一协调，确保交付成功。（信息摘自华为人访谈案例）

三人同心，其利断金，华为的第一个铁三角销售团队初现雏形。

从那时开始，三人便一同见客户，一同交付，一同办公，甚至一起生活，曾经存在的隔阂与“部门墙”被彻底打破，彼此间的了解日益加深，终于做到“力出一孔”，在面对客户时，基本可以实现“接口归一化”。

客户们惊讶地发现，曾经七嘴八舌、各执一词的华为销售团队，现在发生了巨大的变化，不同问题会由不同的人进行专业解答，在出现遗漏时还会相互补台、及时化解。最初的点对点被动响应客户，很快转变为面对面主动对接客户，客户们的脸上出现了久违的笑容，代表处在以后的项目上也逐渐取得了竞争优势。

在苏丹代表处取得成功之后，北非地区部很快将铁三角销售模式在各代表处和关键客户群中进行了推广，效果十分显著。华为销售服务部在进一步总结一线成功实践的基础上，逐步在全球范围内普及了铁三角销售模式，为华为的快速发展立下了汗马功劳。

现在回头来看，其实早在苏丹代表处的那次失利之前，铁三角销售法便已在华为公司萌芽了。在 1992—2000 年的国内市场大发展时期，华为已经对客户经理的角色有了明确的认知和要求，支撑客户经理运作的产品经理也配置到位，负责用户服务与安装服务的交付经理定位也很清晰。随着客户业务的发展，客户对整网解决方案的需求不断增加，相应地，产品经理也逐步演化为解决方案经理。

在这段时期内，客户经理与方案经理的角色得到了充分的重视，但是大家相互之间还只是配合与合作关系，还没有形成铁三角这一明确概念，也为此承受着许多销售流程中的通病，如客户需求不清晰、不明确，项目线索传递有失误，业务流程复杂（验收环节多、计划随意、合同随意更改），流程责任不清（FR 失责、售前售后缺乏协同），评审环节多、效率低，产品配置复杂（多次进站勘测），计划未集成（项目信息不可视，交付、供应不能及时响应，安装计划准确率低），数据 IT 系统混乱（系统多，数据未集成，产品经理需要同时操作多个 IT 系统）。如此种种，不胜枚举。在华为公司内部产生了这样一种共识：**没有一线业务人员统一的协同配合，就无法高质量地完成一个销售项目。**

2001—2006 年，华为公司在项目任命和大客户系统部的任命中，已经逐渐对 AR、FR 和 SR 这三种角色进行统一任命，彼此间的协同也开始出现，到 2006 年底苏丹代表处的那次试点，铁三角销售法的概念正式浮出水面，华为公司开始正式试点运行铁三角（见图 1–2）。这是传统销售模式的终结，同时也宣告了一个全新销售时代的开始。

一石激起千层浪，在一线试点铁三角运行经验得到推广后，为加强公司机关各部门（产品、研发、采购、供应链、交付等）对客户界面铁三角的有效支撑，华为公司从 2007 年开始进行了一场轰轰烈烈的 LTC 流程变革。关于 LTC 流程，将在后文重点介绍，此处不做展开。2009 年，任正非发表了著名的华为内部讲话《谁来呼唤炮火，如何及时提供炮火支援》，对这场变革给予充分肯定，并进一步固化了 LTC 体系对铁三角运作的支撑。

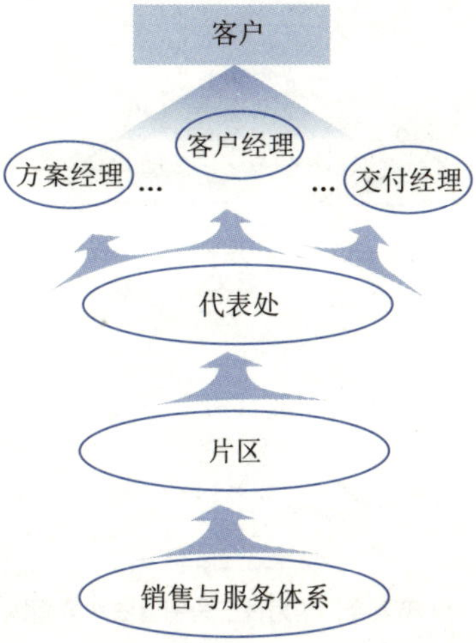

图 1-2　2006 年，华为开始铁三角销售法试点运行

此后，华为便在“以客户为中心”的思想指导之下，一线坚持做厚客户界面，由客户经理、方案经理和交付经理组成工作小组，形成面向客户的铁三角作战单元，将客户经理的单兵作战彻底转变为小团队作战，将支点建立在离客户最近的地方。作为基层作战单元，铁三角在授权范围内有权力直接呼唤炮火。

忽如一夜春风来，千树万树梨花开。至此，铁三角、区域平台和总部管理体系逐渐成形，核心业务流程逐步建立，按客户等级构建的一个又一个铁三角团队日益成熟和完善，主导着 LTC 流程的顺利有序运转，发挥出极为强大的攻坚作用和协同作战能力。铁三角的实质是一线销售从客户经理的单兵作战转变为小团队作战，在实际运作中，根据区域组织形态（大国与小国、发达地区与不发达地区）和业务形态的不同（运营商业务、企业

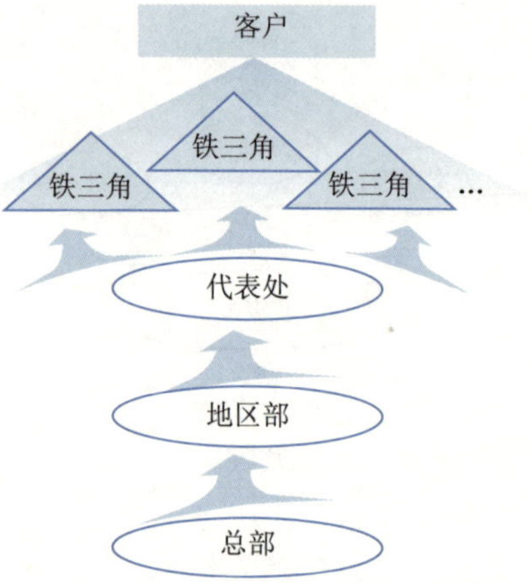

图 1-3　2009 年至今，华为铁三角销售法从全面运行走向成熟

业务、终端业务），进行灵活配置。铁三角已经成为一个团队协同作战的代名词。

华为铁三角模式的构成体系包含两个层面，一个是项目铁三角，另一个是大客户系统部铁三角。我们上文所说的铁三角是基于项目的铁三角，是直接面向客户的最基本的组织及经营作战单元。而大客户系统部铁三角组织角色则相对固定，同时也是项目铁三角各角色资源的来源以及项目铁三角业务能力的建设平台。

在一些大型的直销项目中，仅仅建立面向客户的三个角色还不行。铁三角中的每一个角色在整个销售团队中的定位和职责是什么？他们如何为客户创造价值？支撑他们运作的流程是什么？这些问题涉及的是铁三角销售体系的内部相互关系和运作支撑流程（LTC 流程），我将在接下来的章节逐一展开描述。

LTC 流程：保障铁三角运作的关键

说到铁三角销售法，LTC 流程便是一个绕不过去的话题。铁三角是销售一线最小的作战单元，也可以理解为最小的经营单元。所有的业务都是有流程支撑的，这个流程打通了从发现销售线索到机会点，再到完成交付与回款的全过程，也就是所谓的 LTC。依托 LTC 流程，可以高效推进销售业务的效率，有效提升项目成功率，而铁三角则各自带动中台和后台的资源来服务客户，为客户创造最大的价值（见图 1–4）。

从图 1–4 中可以看出，LTC 流程就是从管理线索到管理机会点，再到管理合同执行的主业务流程。也就是说，首先要重视市场研究和前期拓展，收集和生成项目线索，然后形成机会点，发展成与客户的合同，通过合同执行把产品和服务交付给客户，实现客

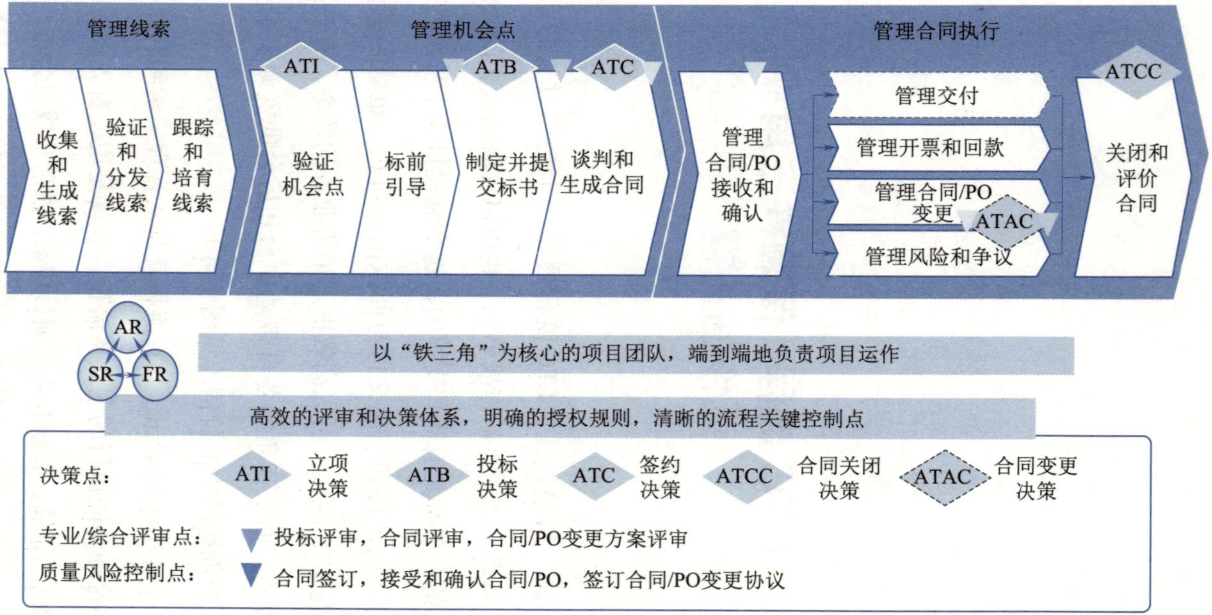

图 1-4　LTC 主流程与铁三角

户价值创造，客户为获取到的价值而支付，企业把款收回来，最后关闭合同。这是一个完整的价值创造的端到端流程，而运作这套流程的主角就是铁三角销售团队。

打个形象的比喻，如果把 LTC 流程比作一条高速公路，那么与线索、项目、合同、订单、产品和服务相关的信息、数据和规则，就是奔驰在这条高速公路上的车辆。既然是高速公路，必然会存在相关的交通规则以及交通管制措施，而作为铁三角销售团队中的每一个角色，就好比不同车辆的司机，自然需要遵守这些规则，才能从甲地平安到达乙地，顺利完成整个运输过程。

LTC 流程管理，目标是对准客户的业务流程，拉通线索、机会点、合同签订、合同执行、回款到合同关闭的全流程并集成，构建起整套以客户为中心的 LTC 流程架构及体系。

在 LTC 流程架构确定后，只有实现流程集成，才有可能实现信息和数据的拉通，利用信息技术构建先进的信息系统，让业务运作和项目经营有系统支撑，实现实时的业务数据共享，业务才能实现高效运营。只有在业务高效运营的基础上，才能创造客户价值，帮助客户实现收入、利润和现金流的增长，并最终实现自身价值的获取，实现收入、利润和现金流的有效增长（见图 1–5）。

华为经过 7 年的 LTC 变革方案开发和试点，提升了作战能力并支撑商业获得成功，那么华为是如何构建起一套简单、有序、有效并适应大客户服务的 LTC 业务管理体系的呢？华为的 LTC 变革设计，聚焦在组织能力的提升和管理体系的改进，目的是实现流程集成、决策高效、供给及时、数据准确和能力到位，构

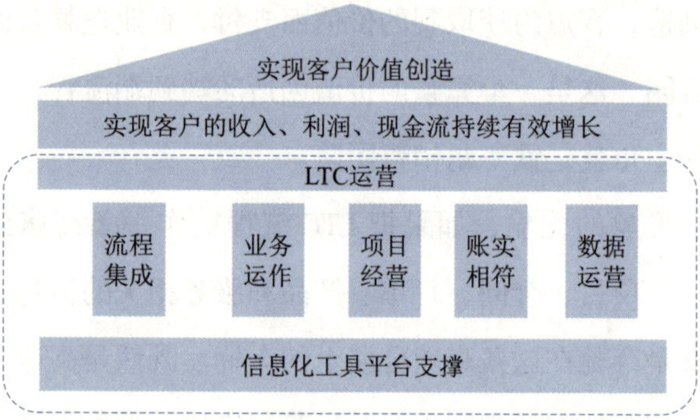

图 1-5 LTC 变革目标是实现客户价值创造

建起一套集成 LTC 规则、流程、组织和运营的业务平台、资源平台和数据平台，使用灵活的互联网技术、大数据技术、云服务和智能化技术，组成全球运营的 IT 数字化系统，从而实现客户价值创造，保障客户更满意、运营更高效。

总体而言，LTC 流程的价值主要体现在客户更满意、财务更健康、运营更高效三个方面。从面向客户的角度来说，LTC 流程的变革价值在于构建了客户与公司的统一界面，全面地理解和服务于客户，充分匹配客户的业务流程，成就了客户的商业成功。从面向一线的角度来说，LTC 流程的变革价值在于：提升了一线铁三角的作战能力，让一线把更多的时间聚焦于客户；让决策前移，充分授权，使一线能够更快地响应客户的需求；拉通了端到端销售流程，打破部门墙，提升了机关与一线协同作战的效果。从面向公司的角度来看，LTC 流程变革的价值在于提高了运作效益，提升了客户满意度，实现了可持续的盈利增长。LTC 业务管理体系成为探索客户价值创造的重要管理体系。

第 2 章

构建聚焦客户需求的铁三角组织

客户经理的职责不仅仅是卖产品

任何企业生存的基础都是为客户创造价值，为客户带来收益，从而使客户心甘情愿地为这些收益付费。在产品销售过程中，客户经理（销售人员）是离客户最近的人，需要与客户保持紧密的联系和接触，想方设法拉近和客户的关系以了解客户的需求，获得更多的订单。但客户经理的职责仅仅就是卖产品、获得订单吗？

我在给很多公司做咨询的时候，发现一些客户经理对这个岗位的认知有着很大偏差。在这些客户经理眼中，他们的角色更多的是站在公司的立场上，和客户"斗智斗勇"，想尽办法为公司创造更大的利益，拿到更多的订单，甚至会用上一些不太上得了台面的小手段、小伎俩，在暗地里损害客户利益，还美其名曰："我做的一切，都是为公司着想。"殊不知，看似赢得了眼前的鸡毛蒜皮，却让公司失去了未来。

在华为的销售体系中，客户经理的职责不只是卖产品，更不是站在客户的对立面，而是作为客户的代表，其最重要的职责是理解客户需求，根据客户的业务需求、站在客户的角度向公司提出要求，而不是相反。

一个真正优秀的客户经理，应该将80%的时间花在客户身上，要保持与客户的密切接触和联系，甚至可以直接在客户那里上班，时刻了解客户的需求，而不是深居总部办公室，给客户打打电话就算完成任务。在铁三角销售体系中，对客户经理的要求是每天都在客户身边出没，时刻关注是否有新的机会点产生。

看到这里，相信你就会明白为什么客户离不开华为了。那是因为华为的客户经理每天都在客户那里，与客户在一起，对客户业务痛点和业务需求了如指掌，随时准备为客户服务，驱动公司提供解决方案以满足客户的需求，让客户更满意，这就是以客户为中心。人心都是肉长的，要想赢得客户，首先要赢得他们的心，而最好的做法，莫过于以心换心。一旦客户有了发展业务的想法和预算，客户经理就可以在第一时间获知客户需求，并深刻理解客户诉求，会同方案经理和交付经理给出更加贴近客户需求的解决方案，从而拿下订单，完全不给竞争对手可乘之机。

1997年初，我被华为总部调往广西办事处，到任后立即被派往边远的河池地区。河池对华为来说是一个空白市场，在没有客户基础、没有成熟产品销售渠道的情况下，如何打开突破口？

到达后第一个月，我们在拜访了河池市电信局后，还到各个县、区电信局去拜访客户，去看各个县局机房和设备现状，找运营维护人员了解现网产品的运行状况和存在的不足，寻找客户的需求。越是偏远的地方、其他供应商不关注的地方，我们越是深入了解。

我们对现网进行了一个多月的系统了解，正巧第二个月，河池开展网络电源设备招标。客户说华为电源产品刚刚推向市场，质量不一定好。针对客户的顾虑，我们并没有急于辩解和争论，而是抓紧时间，继续深入客户设备使用现场，根据它们业务中面临的实际问题，如农村电力系统电压波动大、经常停电，设备机房地处偏僻地区、机房环境简陋、静电隔离效果差等一系列问题，结合我们产品的技术特点和技术优势，为客户提供了安全可靠的解决方案。同时，针对客户对新产品的顾虑，我们拿出其他用户的使用数据和良好的反馈报告，彻底消除了客户的疑虑。

此外，我们还进一步阐述公司产品的演进方向和未来发展趋势，让客户在着眼于解决目前问题的同时，为未来发展做好铺垫。

我们不仅给客户介绍产品，还给客户介绍公司整体的发展方向和公司使命、愿景与核心价值观。我们并不满足于与客户结成一单、两单的生意合作关系，而是希望与客户结成共同成长、共同发展的战略合作伙伴关系。

记得我当时跟市局的一位主管汇报，表达华为未来3~5年的目标是进入中国通信行业的前三时，他轻蔑地一笑，说道:“我们现在使用的设备都是阿尔卡特、朗讯、富士通、西门子等国际品牌，你们怎么可能与它们相比?”

针对客户的质疑和蔑视，我们并没有气馁，而是坚持用勤奋和努力继续开展无数次的技术交流，邀请河池市局技术团队、决策团队考察公司，了解我们的产品在其他客户的使用情况，组织他们与我们早期的客户交流，了解产品的真实特性。我们坚信，只要我们的产品技术领先、质量过硬，客户就一定会选择我们。

经过半年多坚持不懈的努力，最终我们获得了当时华为莫贝克电源子公司一次性签单局点最多、金额最大的一笔合同，也得到了客户业务主管和其他领导的高度评价。华为打开了广西电信市场，并以此为突破口从河池逐步拓展至百色、柳州、桂林、南宁等地。

对客户经理而言，在销售一个产品前，需要了解客户的现状和面临的问题，从中找到机会点，只要你认定客户有需求，而且这个需求是真实的，坚信能用自己的产品和服务为客户创造价值，就应该从客户角度出发，充分为客户着想，取得客户的理解和信任。当年我们作为一个市场新进入者，面临新的产品和业务拓展，以及对新的行业标准和规则的遵从，困难很多，但正是由于我们做到了这些，最后赢得了客户的信赖，取得了开门红。

根据多年的市场实践，华为公司逐步总结出客户经理最核心的四大价值，或可称为客户经理的四大岗位角色认知（见图 2–1）。

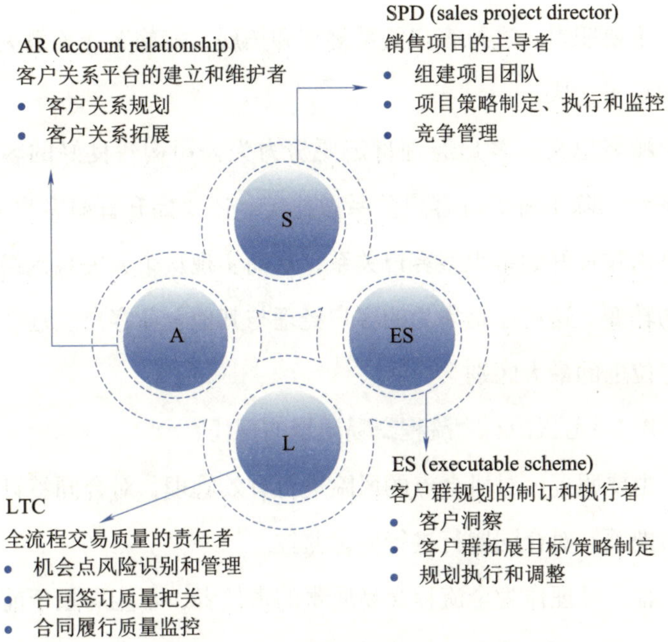

图 2–1　客户经理的角色认知示意图

从图 2–1 中可以看出，一个合格的客户经理必须同时扮演四种角色：销售项目的主导者、客户关系平台的建立和维护者、全流程交易质量的责任者，以及客户群规划的制订和执行者，都是 LTC 业务流程的重要角色，与产品方案负责人和交付负责人形成铁三角匹配运作，而不是简简单单地卖产品。

这四个角色的详细内容和职责如下：

1. S（SPD）：销售项目的主导者

主要职责：成为销售项目主导者，负责销售目标制定、组建团队、项目运作管理与监控、竞争管理等，这是销售项目完成的基础。

2. A（AR）：客户关系平台的建立和维护者

主要职责：进行客户关系规划和拓展，实施客户关系关键行为和结果达成。

顾名思义，客户经理肯定要努力为公司构建良好的客户关系平台，除了将关键客户关系做扎实，还要提升普遍客户关系，最终构建良好的组织型客户关系，从而实现从个人关系到组织关系的转变。这可能是华为的客户经理与其他企业客户经理在职责与定位上的最大区别。

3. L（LTC）：全流程交易质量的责任者

主要职责：对机会点的风险进行有效管理，对合同签订进行质量把关，对合同履行进行质量监控。

客户经理作为全流程交易质量的责任者，不能局限于前期的销售工作，而是要对销售项目端到端完整业务负责，包括最终的回款。在一些公司里面，或者说在华为的早期，客户经理只简单负责卖产品，后期产品的交付质量和回款任务完全落在交付经理和回款经理的身上，而这往往造成业务脱节或相互推诿。在客户经理角色定位中，客户经理身上还背负着回款的重要职责。回款有时候是需要客户关系做支撑的，华为有专职的市场财经经理，负责项目融资与回款的管理工作，但如果市场财经经理遇到实际问题，需要客户关系支撑的时候，便会找客户经理帮忙。注意，相应的回款指标会分摊到客户经理身上，需要市场财经经理与客户经理相互配合，否则回款指标完不成客户经理也会受连累。

让客户经理端到端地负责整个业务流程，除了提供客户关系保障，更重要的是要在项目投标前期就组织方案经理、交付经理进行方案设计，以及协同市场财经经理、商务经理、投标经理、法务经理等给予支撑，组织大家提供一整套完整有效的交付方案，确保后期交付工作高效执行和及时回款。

过去，我在给 B 公司做营销变革调研时发现，其回款效率低下，逾期应收账款问题严重。顾问团队协助 B 公司梳理了回款存在的问题，针对 TOP20（按照金额）延期付款情况，按照把握度 30% 以下、30%~50%、50%~70%、70%~90%、90% 以上，成立了货款清收小组，分别确定催收策略和工作计划，明确责任人；同时制定了应收账款管理制度，明确了应收账款管理的原则、目标、组织与职责、催收方案、评价与激励、队伍建设等。制度中明确客户经理是回款的第一责任人；对于纳入清收小组的风险应收账款，清收小组收款员是第一责任人，但客户经理仍需全力配合。相关措施执行后，效果显著，根据 B 公司 2019 年年报，其经营现金流增长了 76%。

当然，这种回款职责是有限的，并不意味着回款的每一项工作都需要客户经理去做，而是说他需要对回款的结果和质量负责，从工作价值的角度进行全盘考量，真正需要他的时候，他必须全身心地投入，推动工作进展，其他大部分常规性的回款工作按照回款业务流程由市场财经经理负责。

同时，货款清收小组还要总结清收过程中遇到的问题，对合同条款进行回溯，制定相应的改进措施，进一步提升新签合同的质量。

4. ES：客户群规划的制订和执行者

主要职责：理解客户的战略，洞察客户需求，从客户的角度理解客户业务发展前景和面临的痛点；制定客户群的目标和策略，并管控执行，如果在执行的过程中出现问题，要对目标和策略进行相关的调整。

我在实地走访很多企业时发现，有些公司已经很大了，但对客户经理的定位完全不是基于这个岗位，而是基于个人能力。这种情况在很多中小企业中十分常见是可以理解的，但是当公司经营规模达到几十亿，甚至走向百亿级别时，从产品到解决方案会变得越来越复杂，如果企业管理者还是喜欢使用所谓的复合型人才，即既能跟客户聊天拉关系，又能跟客户讲方案，在合同签订之后还能参与交付，就会出现一个矛盾，就是这种“独当一面”的人才很难复制，也无法适应公司的大规模增长。

很多企业管理者都欣赏并重用这样的人才，并提出了一个十分响亮的口号：“让一个人干三个人的活，拿两个人的工资。”这句话乍听起来有几分道理，在一个企业的初创时期，鉴于业务规模、人员数量、成本等因素，这是不得已而为之的权宜之计。随着公司业务量逐步增长，产品与解决方案变得越来越复杂，此时应该逐步走向专业化分工的路线，不断提升组织能力，否则对公司发展是一种伤害，会阻碍公司健康成长。

一方面，公司没有从组织的综合能力出发，对优秀的客户经理进行专业性培养，这对他的长期发展十分不利；另一方面，这样的“能人”其实很难寻找和管理，他参与的事情越多，就越容易出错，毕竟没有人能够面面俱到。但是一旦他犯错，公司却不方便采取相应惩罚措施，毕竟他做的很多事情都不是他的本职工作，属于好心办了坏事，一旦惩罚，容易让他心生怨恨；但不处罚或处罚过轻，又会破坏公司的整体管理规则，产生更加深远的不利影响。

很多公司都过于依赖“能人”，越是有能力、有经验、有资历的人，就越能得到公司的重用，也更容易调动公司的各种资源支持自己的项目，长此以往，就很容易演化成拥兵自重的局面。而一些能力相对比较弱的人，就调动不了公司资源来满足客户和项目需求。

华为并不强制要求客户经理参与具体的产品解决方案设计，也不考核他是否参加后期的实际交付工作，公司只关注这名客户经理是否在项目中充分理解了客户的需求，并带领铁三角团队拿下项目获得订单，赢得客户信赖，这才是一名优秀的客户经理的真正职责所在。同时，客户经理还必须及时处理方案经理和交付经理提出的客户界面的工作需求，更紧密地联系客户，达成整个团队协同的结果，这些工作要求是要被考核的。

总之，**在铁三角销售法中，最重要的永远是团队合作，彼此配合、协同作战，而非某个能人的单打独斗**。对于解决方案的责任和后期交付的责任，就应该由铁三角中的另外两个角色——方案经理和交付经理来完成。

方案经理 5P 模型打造差异化竞争力

随着竞争的加剧，市场上很多企业都遇到产品同质化的情况，最后只能拼价格。如何摆脱低价的红海竞争，真正体现公司的技术实力？华为的做法是，从客户需求和业务痛点入手，经过调研分析，真正理解客户需求，为客户提供有竞争力的个性化的解决方案，而不是简单地比拼价格。

从产品的功能、特性、兼容性和匹配度等方面思考，帮助客户解决问题，提高产品与解决方案的竞争力，是方案经理的主要职责。简单地说，就是方案经理制订的解决方案，既能满足客户需求、体现客户价值，又能形成差异化竞争力。

为了更形象地阐释产品解决方案的重要性，下面以现代家庭生活中离不开的路由器为例加以说明。

如果你去科技城购买路由器，你和导购的对话通常是这样的：

导购："你家有多大？两室一厅的话推荐使用两根'辫子'的这款，三室一厅的话最好用三根'辫子'的这款，如果是四室的，还是拿这款四天线的吧。"

顾客："那这个八天线的要用在哪儿？"

导购："你家是住别墅吗？如果是别墅，八天线的肯定能满足你的需求。天线越多，路由器价格越贵。"

……

作为一种普通家庭日常离不开的电子产品，家用路由器在现代都市生活中的作用不言而喻。然而实际情况却令人震惊，在华为进入这个领域之前，家用路由器其实是一个没有太高技术含量的产品。由于市场有成熟的芯片、成熟的路由器电路板设计公司，因此绝大部分路由器厂家所做的工作就是买回芯片，买回设计好的电路板以及外壳，然后进行简单的组装即可。芯片越高级，天线越多，信号的覆盖面积就越大。因此在市场上销售的路由器虽然品种很多，产品性能和技术差异却不大，为占领市场，大家就死拼价格。

但这样的产品方案真的是消费者想要的吗，或者是消费者能够理解的吗？能够体现客户价值吗？路由器厂家最后比拼的，不过是端到端的成本能力和渠道扁平化之后的控制能力罢了。当华为加入路由器赛道后，情况便发生了巨大的转变。

华为首先思考的是，客户需要的到底是什么？什么样的解决方案能够最大限度地体现客户价值，提升客户满意度？

将这个问题带入家用路由器领域，其实从用户的角度来看，普通百姓并不关心路由器的天线有多少根，他们关心的是，我需要在家里的每个地方、每个角落都可以随时随地上网。在中国，普通家庭以三口之家居多，人均住宅面积是 30 平方米左右。换句话说，能够支撑 90 平方米使用面积的路由器产品，便已足够一般家庭日常使用。但是由于住宅结构的多样性，以及建筑材料、装修材料的不同，同一款路由器在不同家庭的使用效果是不同的，普通用户更在意的是“隔了墙壁是否还有信号？每个卧室是否都有信号？上厕所时能否上网？路由器后面的接口那么多，我到底应该插哪一个”之类的问题。

一般来说，天线越多，发射功率越强，信号覆盖越广，但是产品的成本也会提高。普通客户需要的是有效信号覆盖，他们不会在意技术上是如何实现的。在弄明白客户真正的需求之后，华为的产品解决方案不是单纯地从提高发射功率入手，而是跳出原有产品的研发思路，逐步摆脱芯片厂家对产品方案的控制，接连设计出子母路由器、分布式路由器和穿墙宝等产品，研发出双频切换、网口盲插、双网双通等一系列全新的路由器，既增加了信号的覆盖，也降低了产品的成本，和市面上的同类产品形成了明显的差异化，获得了客户极大认可，由此一举奠定了华为在家用路由器市场上的龙头地位。时至今日，华为路由器推出的每一个新功能都会迅速成为行业的通用配置，华为创造的一些新品类引领着行业发展的潮流。

市场从来都是公平的，只会给强者名次。要想胜出，只有一种可能，就是你的产品既能体现客户价值，又具备差异化竞争力，别无他法可寻。

在铁三角销售体系中，方案经理是一个十分重要的角色，他绝不是客户经理的简单辅助，而是作为一个项目的战略分析者和策划者，负责分析市场和客户的方方面面，拉通各方面的资源，以求最大概率获得项目成功。

为了明确方案经理的角色定位，华为的产品营销管理者共同开发出了一套方案经理的核心职能图，我们称之为 5P 模型（见图 2–2）。通过这个模型，大家可以更加全面、清晰地认识方案经理这一重要角色。

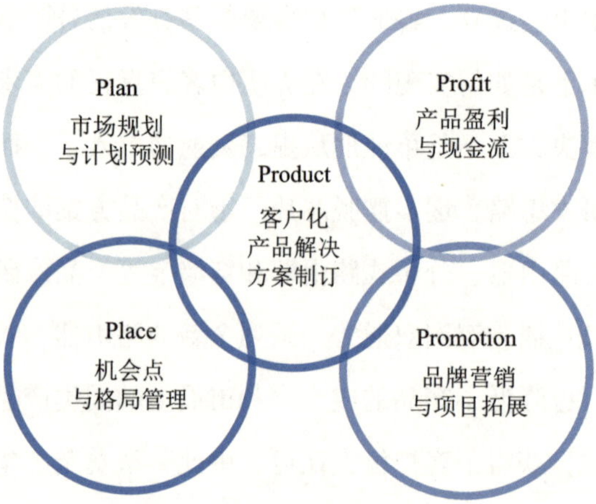

图 2–2　方案经理的 5P 模型

方案经理最核心的角色定位，是产品格局的构造者、品牌的传播者以及盈利的守护者。其中，最关键的三个核心点是：营、赢、盈。想要扮演好方案经理这一角色，就必须把这五环中的所有环节都做到位。

1. Plan：市场规划与计划预测者

作为方案经理，当你来到一个新的市场时，必须进行市场洞察和分析，做出产品市场规划和中长期的预测。因此，方案经理在做解决方案时，要做到有个性、有针对性，要针对不同的细分市场、细分行业、细分客户做有差异性的解决方案。

2. Place：机会点与格局管理者

这里的 place 是说，方案经理在全面细致地完成市场调研和规划后，要善于从中找到市场的突破口，也就是机会点。在销售项目进入 LTC 流程之后，方案经理还要完全理解客户的产品和服务需求，深入调研客户的需求现状，找到需求痛点，进行战略沙盘的推演，这样才能找到跟公司产品和服务有关的机会点，并进行产品布局和准入管理。

3. Product：客户化产品与解决方案制订者

在充分洞察行业和调研客户需求，找到客户业务发展痛点后，方案经理要具备制订客户化的产品和解决方案的能力，对产品和解决方案进行统一协调管理，提炼产品、解决方案和服务的价值，并开展产品和解决方案营销策划和实施。

4. Promotion：品牌营销与项目拓展责任者

要想打动客户，让客户感知产品、解决方案与服务的价值，必须制定包含公司、产品和解决方案的品牌推广策略、竞争优势和价值呈现策略，并向客户关键利益相关人进行汇报和沟通，让客户深入理解和认可，进行项目拓展。

5. Profit：产品盈利与现金流守护者

销售项目最终能否为公司带来盈利，需要方案经理制定和执行产品解决方案的定价策略和竞争策略，参与合同质量的控制，对合同签订前后产品和解决方案满足客户需求的流程全面负责。

1999 年，广西移动智能网招标。当时我已升任广西移动系统部主任，公司对我提出要求：这个项目只能成功，不能失败，失败了即下课。与产品经理进行充分沟通后，我充分理解了客户的两大诉求：一是在 6 个月内快速向用户提供预付费业务，抢占市场的先机；二是技术、产品与解决方案必须稳定，有实验局[①]经验。

为此，我带领广西移动系统部的销售团队，制订了如下解决方案：

1. 技术认可

邀请客户的技术团队访问公司，参观考察公司研发中心，与研发团队细致交流，增强对公司技术实力的认可和产品远景发展的展望，并根据前期对广西现网的调研数据，提供满足客户需求的整网解决方案以及实验局配置资料，安排专家给客户详细讲解

① 对于无法在实验室进行的测试和验证工作，选择典型的应用场景，在用户的实际使用环境中进行的测试活动，称为实验局。——编者注

如何组网、安装、测试以及放号等工作，通过一系列技术交流和澄清，赢得客户对移动智能网技术方案的认可。

2. 业务满足

设计业务快速放号、网络稳定运营的客户市场拓展方案，与客户的市场部、运维部沟通交流，提供保障客户快速放号、快速运营、获取用户和收益的商业计划书。

3. 投资回报

由于广西移动公司成立不久，对现金流很看重，我们请公司提供 3 年设备投资回报的综合投资与运营成本分析，向客户展示预付费是一项快速增长的好业务，能够快速收回投资并产生很好的投资收益，促使客户快速决策。

4. 管理改进

对于一个新成立的公司、新组建的团队，干部们热情足、干劲大，但是管理经验欠缺。移动公司总经理非常具有前瞻性和眼光，他希望引进先进的管理理念，提升各级干部的管理水平。为此，我特地向公司申请，邀请公司资深顾问、中国人民大学教授黄卫伟老师和吴春波老师，专门为移动公司管理者设计管理课程，给管理者送去先进的管理思想，提升他们的管理技能。通过一系列的管理赋能，客户的领导及各级管理者感受到华为公司与众不同的企业文化，即以客户为中心，站在客户的角度思考问题，帮助客户发展业务，因此一致认为华为是一家有前途的公司。

有了以上四个方面的客户价值呈现，加上我们前期运营良好的电源产品，以及让客户满意的售后服务，客户从技术、商务、运维、投资回报、管理提升等多维度进行评估后，最终选择华为作为最有发展潜力的移动智能业务合作伙伴。

在这个项目案例中，产品经理（方案经理）功不可没，我们一起制订出的产品方案能够充分理解客户需求，最大限度地为客户创造价值，与竞争对手相比，具备显著的差异化竞争力。同一时期，华为在全国其他区域利用相似的运作策略，很快便在国内的移动智能业务领域取得了绝对市场份额第一的位置，至今无人能够撼动。

在很多公司，方案经理这个角色是缺失的。我提供过咨询服务的客户 B 公司就是其中之一，其销售人员在了解到相关项目信息后，往往是直接找到产品技术部门人员寻求支持，有时需要涉及多个产品技术部门；销售人员对客户需求的理解也常常不够准确，技术人员又介入较晚，导致项目不能快速跟进，职责不清，效率低下。

在后续的营销变革方案中，该公司在销售服务体系设立了“解决方案部”，同时也明确了方案经理的职责：

（1）了解客户需求，参与产品和解决方案设计、验证、上市、销售支持和解决方案合作，构建产品和解决方案持续竞争力。

（2）负责产品和解决方案规划、策略制定及实施。

（3）负责解决方案销售目标达成。

（4）负责解决方案线索和机会点管理，通过线索孵化、机会点挖掘和市场拓展，推动机会点转化为销售。

正是解决方案部的设立和方案经理职责的明确，极大提升了B公司产品的市场竞争力。方案经理以客户需求为中心，从项目运作的维度，拉通各个产品线，打通部门墙，形成综合竞争优势（见图2-3）。

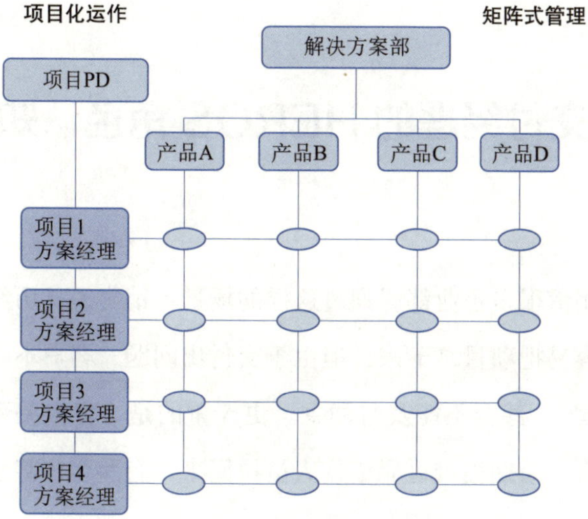

图2-3　解决方案部架构和运作示意图

交付经理的 HEROS 角色认知

我相信很多企业都遇到过这样的场景：销售人员历经千辛万苦好不容易把项目拿下来，但由于交付出问题，客户不满意，导致“烂尾”，甚至不能及时回款。更严重的是，客户关系遭到极大的伤害，后期很难再靠销售人员拉回来，有些客户甚至再也不回头。

在我走访过的许多企业中，往往存在着这样一种现象：这些企业的经营者会将合同的签订视作销售流程的最终环节。因为在签订了合同之后，企业确定了订单，就可以收到相应的收益，似乎销售工作告一段落。但事实上，客户在签订合同之后，还需要企业提供相应的交付以及售后服务，只有在交付结果获得客户的认可，客户支付了全部货款后，整个销售流程才算真正结束。而服务工作则需要一直持续到产品的生命周期结束才彻底结束。

以合同的签订作为最终环节来实现销售流程的闭环，对企业自身的发展也会造成不良影响。忽略产品或服务的后期交付，会造成消费者对企业的满意度下降，而在现在这样一个网络时代，任何一个影响企业口碑的评价，都有可能对客户产生负面影响，导致销售工作难以为继。

因此，铁三角销售体系中的最后一个角色便是交付经理，主要负责的是产品的交付和后期维护。这原本是件并不复杂的事情，交付经理只需按照合同进行契约化交付，然后通过验收和取得回款，并在此过程中不断提升客户满意度就可以了。

然而世上之事，大多知易行难，交付也不例外。实际上，很多公司在交付的时候，都很难完全按照约定履行合同，因为无论是交付的时间周期也好，还是一些服务承诺也罢，合同中规定的一些事项根本就难以完成。

原因何在？因为很多公司在项目运作的过程中，往往将交付置于最后环节，就是客户经理和方案经理在千辛万苦拿下订单之后，就会将绝大部分精力投入新项目的开发与新机会点的找寻，而将此前签下的合同直接甩给后端交付部门，再也懒得过问。而后端交付部门由于对项目前期的参与度不够，不完全了解一线客户经理对客户做出了怎样的承诺，而且这些承诺是否能够完成，并没有经过交付部门的确认。

无法完成的承诺，就是对客户满意度的伤害。交付中出现不应有的错误，或者干脆是交付部门不可能完成的任务，也是一种风险。

曾经有段时间，交付经理在华为公司的地位不算高，他们往往干活最苦而挨骂最多。由于交付经理在整个项目中没有多少话语权，这便导致了一系列交付问题。

2003年前后，华为国际市场逐步开展，海外订单持续增加，这时候出现大量的货物漏发和错发的情况。为此，华为还专门成立了一个部门，名字非常有意思，叫作“发正确的货部”。是的，你没看错，这就是真实存在过的部门名称！华为曾经在项目交付上存在的问题，由此可见一斑，也因此在客户心中大大失分。

为了彻底改变华为在项目交付上的形象，任正非在《将军是打出来的》一文中疾呼：“交付一定要提高效率，从本职工作开始改善，提高自身能力。正确理解客户需求，正确做出合同，正确录入合同，正确发货，正确交付，正确服务，每一个环节都很重要。”

> 2005—2006年，作为在巴基斯坦的首秀，Turnkey项目[①]让华为经历了惨痛的教训，付出了昂贵的学费。原因当然是多方面的，单从交付团队上看，则是因为此前华为没有承接过任何Turnkey项目，不仅没有成功经验，甚至连失败教训都没有。因此团队配备并不完善，就连需要负责基础土建的土建工程经理、需要外包合作的分包与合作经理和负责

① Turnkey项目即交钥匙工程：指从设计、外线和土建施工到设备提供、安装调试皆已完备，随时可以使用的一条龙服务。

财务测算的项目财务人员等都没有配备。

交付部门存在严重的先天不足，导致华为对当地站址的获取、土建、取电、挖沟铺设光缆、大量物料与劳务采购和合作管理、网络对接等环节“两眼一抹黑”，连一条最基本的业务基线都没有，完全是从零开始，结果在经济上付出了惨痛的代价。

痛定思痛之后，华为开始正式组建 Turnkey 部门，拉通了一线代表处、地区部、机关之间的合作和协同，根据项目级别匹配资源，确保交付能力能够满足项目复杂度和管理的需求。尤其是项目交付专家的专业价值得到了充分的认可和体现，避免了传统企业过度依赖管理者的感性决策所带来的经营风险。

要想真正实现正确交付，绝非嘴上说说这么容易，华为也曾为此付出过巨大代价，当然也取得了一系列经验和教训。最重要的一点，便是要求销售团队拥有实现契约管理的能力，确保无法完成交付的事情不在合同中体现。**基于这个目标，在铁三角销售体系中，华为要求交付经理一改以往的弱势形象，全程参与项目从立项到合同签订的过程，全面了解项目的前因后果，并且发表自己的专业意见。**

那么，交付经理应该具备怎样的角色认知呢？华为公司在经过深入调研和系统性总结思考之后，为交付经理这个角色总结出了一个 HEROS 模型（见图 2-4）。

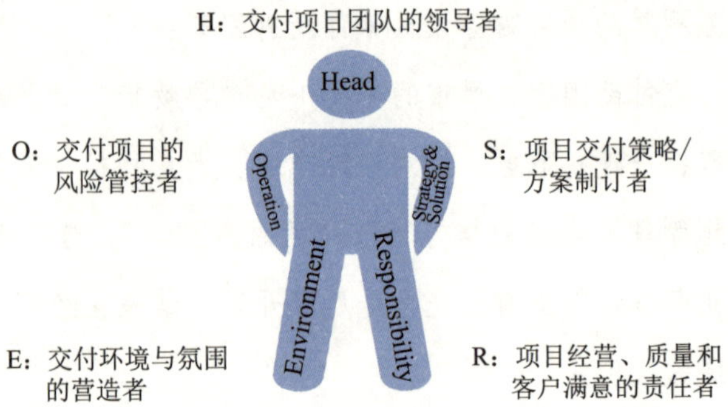

图 2-4　交付经理的角色认知

在铁三角销售体系中，交付经理绝不是可有可无的“龙套”，而是一个又一个真正的英雄（HEROS）。要想成为一个合格的交付经理，必须扮演好以下五种角色：

1. H（Head）：项目交付团队的领导者

通过对项目组织的发展和建设，塑造一支高绩效的团队，践行公司核心价值观，遵守契约精神，为客户创造价值，满足客户需求。

2. E（Environment）：交付环境与氛围的营造者

负责项目的合规运营，确保项目交付遵从公司的相关管理制度和规定，构建良好的交付环境和氛围。

3. R（Responsibility）：项目经营、质量和客户满意的责任者

严格执行“按契约交付、按预算执行”的基本原则，对项目经营结果的达成负责。

4. O（Operation）：交付项目的风险管控者

对项目重大问题的风险进行决策和管控，对超出项目组管控

范围的风险，需及时升级，以规避风险并进行闭环管理。

5. S（Strategy&Solution）：项目交付策略/方案制订者

制订项目交付策略和项目交付方案，并对执行进行管理。

通过以上五点不难发现，交付经理在铁三角销售体系中具有十分重要的作用，其责任和价值不再仅仅是“售后”。如果交付经理的自我认知出现偏差，铁三角历经千辛万苦拿到的合同便存在无法交付的风险，轻则签了又改、改了又签，将宝贵的时间消耗在流程反复之中；重则延误货期和工期，被客户投诉，不仅自己会受处罚，前期好不容易提高的客户满意度也将功亏一篑。

团队协同作战，共享利益

几年前，我曾经接到过一家公司供应链优化的需求，那几乎是我做咨询项目遇到的最剑拔弩张的阵仗。在咨询现场，这家公司的各部门总监先是相互指责，接着是拍桌子瞪眼睛，差一点上演全武行。

我先来还原一下当时的情景。通常我们做咨询项目时，第一个沟通的都是销售团队，因为销售永远最接近客户，最先听见来自一线的炮声。于是，我就问销售总监："你认为公司供应链最大的问题是什么？"

销售总监思考片刻后告诉我："我认为公司的客户关系还不错，很多客户在下订单时都会提前支付预付款。订单交付供应不足最大的问题不在于客户关系，而在于生产部门经常无法如期完成订单，推迟交付是家常便饭，有的订单甚至已经延迟半年左右了。”

我连忙追问：“那你认为无法按时交付的主要原因是什么？”销售总监给出的答案有二：20%的原因是研发部门没有及时把产品研发出来，导致迟迟无法进入量产；80%的原因则在于生产部门没有及时把东西生产出来。

于是，我便向研发总监征询意见。研发总监一听，火气腾地就上来了，怒道：“范老师您别听这帮销售胡说八道，我们公司的销售就这个德行，我们研发部门辛苦研发出来的东西他不卖，硬是天天追着我们要还没开发出来的东西，几乎每个项目都要求在很短时间内就量产。我们拼命完成了他们的需求，好不容易投入量产了，这帮销售又不卖了，您说可气不可气！”

在了解了研发部门的反馈之后，接下来自然还要询问生产部门。主管生产的车间主任一听我的问题，便又开始抱怨：“范老师您不太了解我们的生产方式，如果要换一次生产线，需要很长的调试时间，我们为了降低成本，都是批量生产。现在仓库里边堆满了已经量产的产品，但销售就是不想办法处理库存，他们满脑子总想着卖那些仓库里没有的东西。”

我一听就觉得逻辑不对，客户已经下了定金的订单没有理由不优先生产。对于我的疑问，车间主任解释道：“我们就算想安排生产也没条件呀，原材料已经都用于生产库存产品了，新的原材料却迟迟未能补充到位。”

皮球又踢到了采购部，采购部门总监同样怨声载道，说巧妇难为无米之炊，将皮球又踢给了财务部门，而财务部门则天天受困于高企的库存。最后我发现，在这家公司的供应链环节中，正好形成了一个抱怨的闭环。重要的是，主要部门的有些负责人还是公司的小股东，彼此拉帮结派互相攻击，让公司董事长头疼不已。

在这个案例中，这家公司首先是信息流出现了问题，也就是信息有效性差，没有形成及时的信息传导节奏，直接引发了物流系统的危机，继而让公司的资金流出现严重的问题。乍看起来，似乎每个部门都有自己的理由，单从某个具体部门的角度，很难解决这家公司的危机。实际上，这家公司最大的问题在于它缺乏一个行之有效的协同机制。

当企业从各自部门独立的角度，共同转为面向客户价值创造时，其实就回到了本书的主题——铁三角销售法。铁三角最重要的一点，就是以客户需求为导向，为客户创造价值。铁三角中的客户经理，就是企业的销售专家，方案经理是技术专家，交付经理就是交付专家，包含对产品供应管理的职责。三者共同面向客户价值创造，高度协同，打通了困扰无数传统企业的部门墙，从而在日益激烈的现代企业竞争中，为企业取得先发优势。

或许有人会问："既然这三个角色都很重要，那么叫'三角销售法'就好了，为什么要加个'铁'字呢？"这个问题实则涉及了铁三角销售法的核心——团队协同。

我曾给一家做电力工程的企业做内训，听完课没几天，老板很兴奋地打电话给我，向我报告成绩："范老师，听完你的课，我们收获很大，在内部也搭建起了我们的铁三角团队，客户经理做销售，交付经理做工程，牌照经理拿牌照。"

乍听上去，这个铁三角似乎很不错。但是不是把三个角色凑齐了就是铁三角呢？他们之间有共同的目标和利益吗？于是，我问了他一个问题："你们的铁三角怎么分钱呢？"

他的回答是："客户经理拿单有提成，交付经理做好工程有收入，牌照经理拿到牌照也有奖励。"

听了他的话，我直截了当地跟他说："这根本算不上铁三角，你们并没有学到铁三角的精髓。真正的铁三角只有一个共同目标，今年会有多少订单，形成多少收入和回款。在分钱的时候，也要基于这个目标制定一个奖金包，而不是在各自的职能部门拿提成。"

为什么要制定统一的奖金包？这是因为如果订单拿不下来，大家都没有收入，自然会很着急，这时候该补位的角色便会赶紧补位，而不是互相埋怨和拆台。这才是铁打的三角，是个利益共同体。如果各有各的利益，必然出现"屁股决定脑袋"的情况，无法真正实现对客户价值的创造。

铁三角销售法，就是由单兵作战转为小团队共同面对客户的团队作战，整个销售项目运作的核心就是铁三角（见图 2-5）。

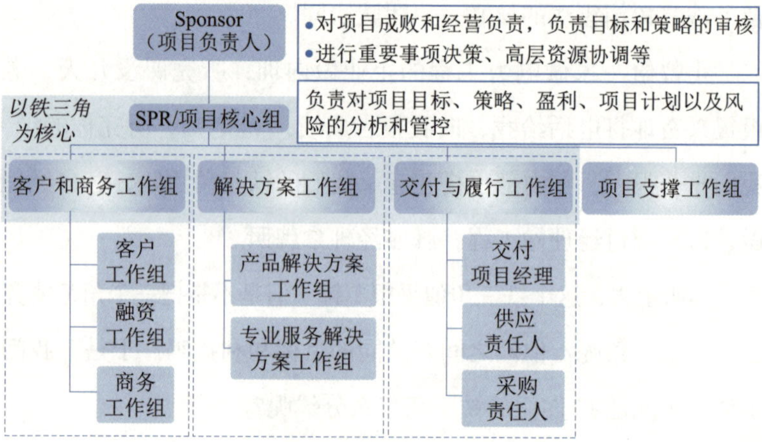

图 2-5　以铁三角为核心的项目组织示例

我在很多企业中发现了这样一种通病：他们经常把“以客户为中心”挂在嘴边，甚至也把“以客户为中心”作为公司的核心价值观，但是在实际工作中，却又各自为战，以各自部门利益为中心。一旦产品出了问题，便开始推卸责任，经常出现的争论场景是：“这个不是我们交付部的事，你们产品部……他们销售部……”到最后发现，谁都没有责任，要么是客户自身没操作好，要么是环境不匹配。部门的模糊地带很多，推卸责任还是很容易的。还记得那个关于三聚氰胺的笑话吗？厂家说牛奶出了问题是因为奶贩子，奶贩子说问题出在奶牛身上，而奶牛说是草的责任……

在这种情况下，企业内部协调起来特别困难，如果不是自己牵头或者自己部门牵头负责的项目，就很难调动资源。很多公司的部门主管，一般只提倡自己部门内部相互协作，一旦需要他自己的部门协作外部门时，就开始推三阻四。这种自私的假协同，最终带来的结果便是内外都不协同，这对企业而言无疑是一场灾难。

请记住，人在一起叫“团伙”，心在一起才叫“团队”。学习铁三角销售法，首先观念上要转变，面对客户，无论你来自销售部门、产品部门、交付部门还是研发部门，都是代表公司，没有“我们”“你们”“他们”，只有“我们”，客户也只会记住你公司的名字。

再来看一个失败的案例。

> 某海外代表处客户经理通过和客户采购部门高层的良好关系以及优惠的商务条件，在激烈的竞争中获得了一个覆盖首都区域的传输设备项目。设备到货后，却出现了客户机房安装条件不具备、不能安装调测的尴尬局面。在多方协商施压下，好不容易才协调客户准备好安装条件。在安装调测完成后，客户运维部门却拒绝在验收报告上签字，还把一些很小的问题放大，比如网管不支持命令行操作、现场技术培训的老师英语不够流利……他们把这些问题投诉到高层，对公司的品牌和形象造成了很大的负面影响。

这个项目失败的主要原因就是在客户界面缺乏协同，该代表处只是搞定了客户采购部关键决策人，但是与其他部门特别是运维部等部门缺乏沟通，导致运维部在安装过程中一直“找碴儿”，影响了安装进度和后续项目，也伤害了公司品牌。

销售是场跨部门、跨领域的协同作战，绝不是某个关键角色的独角戏。这里的协同作战，可以理解为面向客户决策链条的多维度立体销售和服务。作为 LTC 业务管理体系的一线基本作战单元，铁三角销售团队可以根据订单的不同属性，派出各种“特种小分队”，全面出击，各个击破，最终赢得订单。

销售服务体系是一个端到端的业务作战系统，它最大的特点就是为客户创造价值，同时要为公司获取价值，需要在客户和公司间取得价值平衡。在业务运作过程中，存在很多不确定性和变化的可能，需要铁三角既要遵守流程和制度，又要有一定的灵活性，以应对客户需求和市场的千变万化。

只有真正的协同，才能打通部门之间厚厚的那堵墙，让销售团队劲往一处使，心往一处想，“胜则举杯相庆，败则拼死相救”，成为攻无不克、战无不胜的铁三角。

在 LTC 流程的每一个阶段，AR、SR、FR 的工作各有侧重，角色随项目阶段互动，既有明确的分工，又有全流程的协同。在线索阶段、机会点阶段、合同执行阶段分别发布项目组相应的人员任命，明确各个阶段的主要责任人；同时，三个角色必须端到端全流程协同起来，成为一个真正的团队（见图 2–6）。

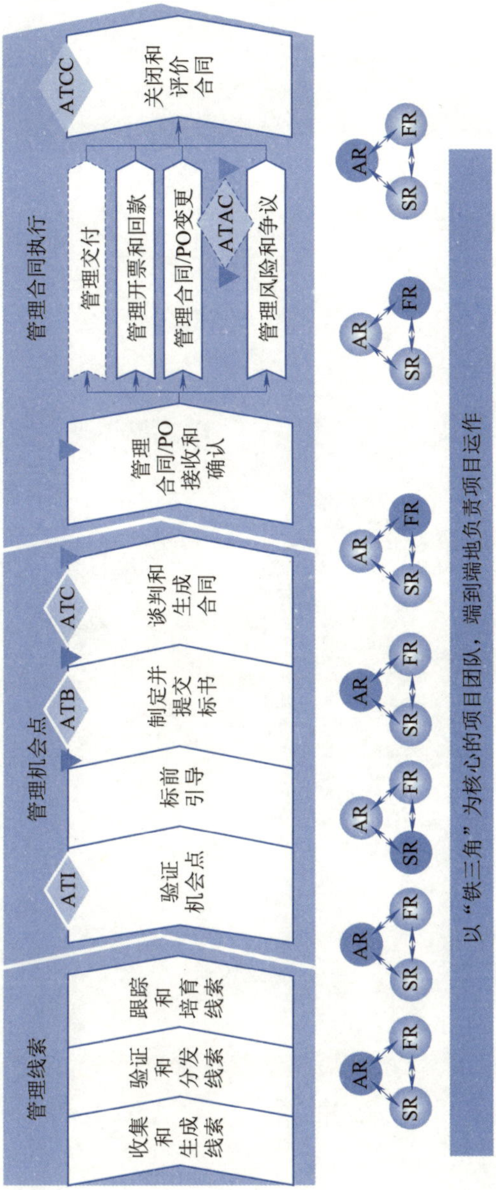

注：● 为此阶段主导角色。

图 2-6　LTC 中的铁三角互动要求示例

第 3 章

基于铁三角的 LTC 流程

销售线索从哪里来

所谓线索，就是客户对特定的产品或服务的潜在购买意愿，是项目早期在客户内部的信息表现形式（无论销售组织是否获取），它最终将可能为我们带来商业机会。不管是 B2B（企业对企业）公司，还是 B2C（企业对消费者）公司，线索就是那些能够创造交易机会的信息片段，这些相关的信息片段汇集成信息链条，最终指向意向客户。就好比办案人员侦破案件，线索就是能够找到最终作案者的那些蛛丝马迹。

合抱之木，生于毫末；九层之台，起于累土；千里之行，始于足下。对公司来说，线索可能是一个具体的联系人，也可能是某个电话或网络留言，这类信息需要铁三角进行沟通、跟进和核实，进行细致的筛选后才能得到有效利用并转化为机会点。从这个角度看，**线索是将潜在客户从陌生人转变为实际客户的中**

间角色，也是公司销售过程的起始。

很多公司的销售工作面临的首要问题是发现不了项目机会，没有足够多的销售线索来支撑公司的整体销售目标。

归根结底，线索都来自客户，指向的都是客户的痛点。换句话说，所有的线索都是客户发出的，而不是销售团队发明的。举几个十分常见的例子：

> “我们是不是该考虑升级内部网络系统了？”（痛点：办公室网速太慢，严重影响客户的办公效率。）
>
> “上个月，我们的打印机已经有过20多次服务故障，能不能和采购部反映反映？”（痛点：打印机故障对客户的办公效率已经产生了严重影响。）
>
> “我们的竞争对手选择了某数字化营销系统，我们应该如何应对？”（痛点：竞争对手骤然发力，客户该何去何从？）
>
> “听说××影院准备引进最先进的IMAX技术，我们要不要跟进？”（痛点：客户如果不跟进，就有可能被顾客“用脚投票”。）

在传统的销售团队中，要想获取新的销售线索，全靠市场部门和销售人员的自身努力，强调“以销售员自身为中心”。这种获客方式其实难度很大，运气因素起了很大作用，运气好可能连续挖掘出新的线索，而运气不好则有可能连续数月毫无收获。

强调“以客户为中心”的铁三角销售法则与此完全不同，可以将其总结为客户管理三大法则。

1. 客户关系管理

客户关系是第一生产力，只有良好和全面的客户关系，才能支撑企业和客户之间的生意往来。

这里所指的客户关系，并不是那种与客户天天泡在一起吃喝玩乐，你好我好大家好的江湖义气式的人际关系，而是指我们需要保持与客户的密切接触，站在客户角度思考其业务发展前景和目前面临的问题。在传统的销售中，原本只有一个角色负责客户关系，就是销售员自己；而在铁三角销售体系中，是整个团队都在做客户关系，而且是从不同角度参与客户关系的建设：有人专门对口负责采购和商务部门，有人专门对口技术和测试部门，还有人负责的是运营部门和维护部门。

需要强调的是，铁三角销售团队每天白天在与潜在客户交流之后，晚上一定要回到办公室集中碰个头，看看当天挖掘出哪些新的客户需求，又有哪些客户需求需要综合考虑，甚至有哪些需求需要“呼唤炮火”，将公司相关专家拉进来一起讨论。

每个角色明确分工，先找不同的部门酝酿沟通，再集中开会。这样就把对客户需求的准确理解能力构建在一线，而不是在公司总部。只有这样，才能说“一线听得见炮火声”。

2. 客户满意度管理

客户满意度管理，指的是管理好潜在客户的期望，分析潜在客户的需求，呈现出解决方案的价值，否则一切都是无用功，即便你将产品或服务说得天花乱坠，客户如果不能感知到这些先进产品和解决方案能够给他们带来的价值，到头来也只是竹篮打水一场空。

如何了解潜在客户对企业的全面评价和期望，是公司赋予铁三角销售团队的关键使命，只有铁三角销售团队最清楚客户的期望，也只有铁三角销售团队才能真正为客户创造价值。

每年华为都要投入很多成本，邀请世界著名第三方咨询公司对全球客户进行访谈，了解客户对华为最真实、最客观的评价，包括战略管理能力、方案解决能力、一线人员能力和交付能力，这相当于一次全面的体检。

所以，华为的销售团队在每年年底庆祝完成销售目标的同时，都会收到一份第三方满意度调查报告，对比自己的工作，检查思考客户满意和不满意的地方，并据此提出改进策略。

3. 客户需求管理

我们经常说，客户的需求是企业发展的根本动力，那客户存在哪些需求呢？客户不仅有采购产品或服务的需求，还有对供应商的技术演进需求、管理流程对接的需求和联合抵抗风险的需求。

业界有一种说法，叫“选择华为就是和华为‘结婚’”。曾有一个客户公司的CEO（首席执行官），在开完会后对他的团队说：“谁最了解我们？不是我们自己，而是华为的销售团队。”

原因何在？这是因为华为构建了联合作战的团队，全方位地从客户的角度去思考客户的业务发展状况，并及时提出自己的建议和解决方案。华为的铁三角销售团队每天都出现在客户的办公室、会议室和生产一线，既及时响应了客户需求，又掌握了客户最完整的信息。这就是以客户为中心的销售理念带来的巨大成功，用任正非的话说，“华为就是把平凡的事情做到极致，就成功了”。

正是通过客户关系管理、客户需求管理、客户满意度管理这三大管理法则，铁三角团队加深了对客户的理解。**成功的铁三角，必须比客户更了解客户。**只有做到这一点，才算得上深入挖掘线索。

铁三角销售团队不仅要跟踪项目，还要以团队为单位对潜在客户进行管理，充分引导客户需求，启发客户的思路，让其朝着更有利于销售的方向行进，不断扩大线索的“喇叭口”，进而提升项目的成功率。

如何扩大线索的来源和提升线索质量，是铁三角销售团队效率提升的关键。

1. 要从被动式寻找线索，转变为主动挖掘生成线索

这就是以客户为中心、为客户创造价值带来的好处（见图 3–1）。

图 3–1 中左边的是很多公司都在使用的被动式线索寻找方式，右边的则是华为铁三角销售法所运用的主动式线索寻找方式。

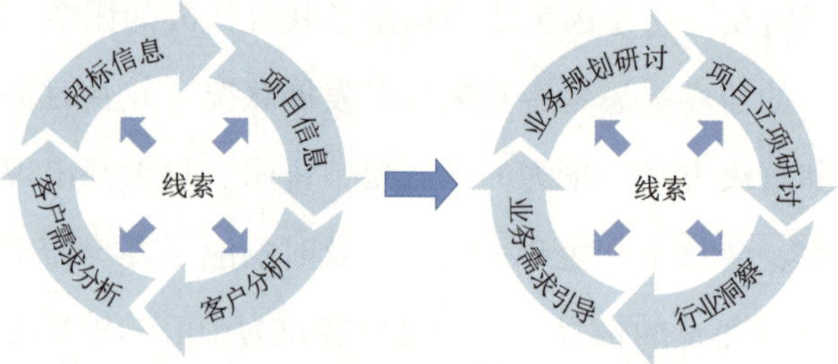

图 3-1　被动与主动线索寻找方式示意图

从图中可以看出，被动式获取线索就是被动地等待，被动地被告知招标项目，什么时候发标，标的有多大，有哪些诉求，需要何时完成，等等。而主动式发掘线索需要从深入了解客户的战略意图和战略规划入手，根据客户的战略规划，发现或引导客户需要启动什么样的项目，何时完成项目，采用什么样的技术手段和解决方案，等等。这种方法以客户为中心，从客户的角度去思考和引导，一开始就与客户紧密地联系在一起，第一时间掌握客户的需求和痛点，甚至参与到客户业务规划研讨、年度计划讨论以及项目立项讨论中，从而挖掘出对公司最有价值的销售线索，把握客户项目运作的节奏。这样做要远胜被动收集线索、被动等待投标，既可进一步促进建立良好的客户关系，也可以屏蔽竞争对手。

2. 只有自己创造的线索，才可称为真正的第一手线索

销售线索的来源十分广泛，可能产生于一个数字的提示、一次来自客户上级领导部门的严厉批评、一次客户茶余饭后不经意的谈话、一份国家突然发布的进出口退税清单、一次供应商的产

品演示……因此，获取线索的场合与渠道自然也就多种多样：办公室、走廊、地铁、老同学聚会、移动互联网、上市公司的年报，或者来自餐厅的邻桌，甚至厕所、电梯、烧烤摊……任何场景、场合都有可能成为销售线索的来源。

某日，同事老李告诉你："滨海新区准备建设一家超五星级酒店！我们可以去跟踪一下，看看有没有合作的机会……"

你或许十分诧异，毕竟你连一点风声都没听到，老李是从哪儿得到的消息呢？于是你问道："你是怎么知道的？"

老李故作神秘地告诉你："我的邻居小黄跟我说的，我们的关系可好了……"

你又追问了一句："小黄？他又是何方神圣，能够知道这么重要的信息？"

老李回答："他的小舅子在给旅游局副局长当秘书……"

对于任何一个线索，当销售人员尝试去探寻它的根源时，都有可能发现在这个线索背后有着以上这种出人意料的传播链条。此类线索都可被称为"二手线索"，存在各种不确定性。

一些激进的公司喜欢采用全员营销的手段来扩大收集线索的喇叭口，但仅仅收集线索并不够。很多客户会进入一个误区：项目不够就把所有的线索都当作项目来运作，但是不仅没有因此产生实际的销售增长，还把整个销售团队都累得人仰马翻。很明显，这种做法过于盲目。要知道，二手线索能够对公司产生的实际作用，远远低于第一手线索。

那么，什么是第一手线索呢？**只有自己创造的线索，才可称为真正的第一手线索，对销售团队才具有最大的验证价值。**说到这里，便产生了两个新的问题：从哪里创造线索？如何才能创造线索？这两个问题的答案都与客户有关。前一个问题的答案是“从客户中来”，而后一个问题的答案是“到客户中去”。

企业所有的研发、市场、产品与服务等业务，都必须由客户需求来驱动。满足客户需求、为客户服务，是企业存在的唯一理由。企业发展的原动力是客户需求，企业生存的基础是客户服务，第一手线索的来源自然也是客户。如果没有客户，就没有华为的今天，更不会有华为的未来。

如何从客户中创造线索？华为铁三角销售团队给出的答案是：“到客户中去。”

从1999年开始，华为本着“亚非拉包围欧美”的战略进入海外市场，首先在非洲、东南亚和拉丁美洲等发展中国家和地区取得突破，然后进入欧洲、日本、澳大利亚等发达经济体市场。

在海外市场拓展的初期阶段，我们经常遇到一个令人啼笑皆非的问题。由于发音规则的障碍，很多客户连华为的名字都拼读不出来，其间产生的乐趣不少，烦恼也很多。试想，客户连公司的名字都叫不出来，当他有需求的时候，脑海中第一个跳出来的名字会是华为吗？答案当然是否定的。

为了让客户记住华为，在进入海外市场时，我们创新性地打造了一个英文短句："HUAWEI，Who are we ?"在这个句子中，后半句连读时正好能发出“华为”的读音。这样一来，既消除了客户的发音尴尬，又让客户一次就能记住我们，并且永远都忘不掉。

与此同时，我们也在刻意地引导客户思考：华为人这么有意思，能够灵活地诠释自己的公司，他们提供的产品和解决方案肯定也会因地因时制宜，在带来先进理念和优秀产品的基础上，进行定制化和客户化的适配。

如此简单的一个发音转变，促进了客户与华为销售团队关系的转变，让每一次陌生拜访的开场白都异常生动，迅速拉近了华为与客户之间的距离，让客户感受到了一群有意思的东方人，也让华为获得了和客户进一步交流的机会，这是创造线索的大前提。接下来，我们又运用了客户交流“一纸禅”（用一张纸清楚明了地阐述华为的先进技术和解决方案）等营销手段，为公司创造出许多真实有效的项目线索。

（1）公司汇报

这是每次见客户时的必备环节，给客户汇报华为成长的重大进展、成功案例，让客户感知华为正处于一个不断进步与发展的状态，不断与客户共同成长。

（2）技术交流

随着客户关系的进展，客户认知了我们，接下来就必须要为客户提供产品与方案，进行能够切中客户需求与痛点的技术交流。这才是华为创造一手线索的关键。没有客户对公司产品和技术的认可，一切免谈。

（3）公司考察

随着一线活动的日益丰富，客户对华为的认知与了解已经得到了充分的铺垫。为了让创造出的线索产生实际价值，孵化出重点项目，我们邀请重点客户来中国，对公司总部进行考察。考察目的包括了解华为的研发实力、制造能力、物流能力等，以及与公司高层领导交流企业管理理念、经营思想、发展战略和价值主张等。

（4）市场活动策划

为了增强客户的决策信心，我们还会带着重点客户参观华为已经交付的样板点，策划一系列同类客户的展会和研讨会，利用口碑传播的强大效应，进一步让客户坚定自己的选择。

（5）高层互访

在项目运作的关键环节，作为一线作战单元，当地的铁三角团队会促成公司高层间的交流与访问，在此过程中敲定关键问题，实现双方一拍即合的效果。这把利剑在华为的销售团队内部被戏称为"用好老板为项目打工"，这也是华为铁三角销售法的一个亮点——一线呼唤炮火。华为的管理层都是业务人员出身，"招之即来，来之能战，战之能胜"，为一线业务提供炮火支援，是华为公司高层义不容辞的责任。

面对运营商和政府、企业客户，为了有效创造出一手线索，华为的铁三角通过一系列的关键活动为客户提供服务，让每一个节点都可以为客户创造价值，这也是华为线索管理的精髓所在。

3. 真正有价值的线索，产生于招标之前

关于竞争，任正非说过两句名言。第一句："什么是核心竞争力？客户选择我而没有选择你，就是核心竞争力。"第二句："公司之间的竞争，说白了，就是管理的竞争。"管理的内涵有很多，线索管理就是其中一个重要的组成部分。通过有效的线索管理，可以让客户在招标之前就基本确定和你公司合作的意向，自然也就没有竞争对手什么事了，这就是华为经典的"未战先胜"。

对于华为早期在海外市场吃过的苦，像我一样亲身经历过的华为人，都有切身体会。按照任总的话说："在海外我们不知道经历多少年，见不到客户。"那时的华为人推销自己的产品，希望获得客户的认同，却屡屡碰壁。这种情况直到 2002 年前后才开始有所改观。在全体华为人的不懈努力之下，华为在亚非拉市场为自己赢得了一席之地。

在海外市场初露锋芒之后，华为将目光投向了欧洲。欧洲是全球发达国家密集之地，是 GSM（全球移动通信系统）、3G 等通信技术的发源地，当时盘踞着爱立信、诺基亚、西门子等多家电信设备百年巨头，中国企业几乎连半点机会都没有。

2007—2008 年，正值移动通信 3G 技术迅猛发展的关键时期，而彼时的全球大环境正经历着一场百年不遇的金融海

啸。在这种时代大背景之下，全球的移动运营商既需要紧跟潮流部署 3G 基础设施，又希望在前期 2G 盈利不易的情况下，继续延长 2G 网络生命周期以获取最大的投资收益，因此在进行新网络投资时比过去谨慎了许多。

在 2007 年 2 月的一次碰头会上，华为的销售团队通过和沃达丰专家的交流，敏锐地洞察到了对方的上述诉求。或者说，华为先于竞争对手发现了一个至关重要的销售线索，这让华为销售团队中的每一个小伙伴都十分兴奋。因为他们知道，这是华为在欧洲市场打响名号的天赐良机。

在后续沟通中，华为的小伙伴们更加深入地了解到对方的具体需求：希望在 900MHz 频段上建设一张网络，既可以联通支持现有的 GSM 网络，后期又能升级到 UMTS（通用移动通信系统），从而达到节省投资和运营成本的目的。

说句实在话，这个需求在当时极具挑战性。此前，业界尚未有相关的技术支持和应用先例，实现起来极为艰难。好在，当时铁三角销售体系已经在全公司范围内推广，位于一线的铁三角团队及时向总部呼叫了“炮火支援”。

华为总部对这个得来不易的线索高度重视，整个无线产品线倾尽全力投入研发，先后攻克了一系列技术难关，通过更新射频技术的算法，融合了 2G、3G、4G 网络，最终开发出华为的第四代基站，并以此为核心推出了名为“SingleRAN”的解决方案。

SingleRAN 的理念为“一个网络架构、一次工程建设、一个团队维护”。简而言之，就是通过统一的 R&M 管理、无线资源管理、网络规划系统优化和传输资源管理，来支持不同技术制式的融合和演进，使之成为网络演进与技术革命之间矛盾的完美解决之道，一举奠定了华为无线产品在“欧洲列强”面前的优势地位。

由于一线销售团队在第一时间里挖掘出了有价值的销售线索，并在最短的时间里集全公司之力拿出了解决方案，华为在应标时几乎没有对手——SingleRAN 的技术优势十分明显，当时爱立信的基站要插 12 块板，而华为的第四代基站只需插 3 块板。沃达丰的技术专家们对此不断惊呼：“这是一项很性感的技术发明！”

在解决了客户的痛点之后，SingleRAN 解决方案及华为第四代基站随即成为沃达丰、德国电信、法国电信、西班牙电信、TeliaSonera、Telenor、比利时电信等欧洲电信运营商的宠儿，迅速掀起了一股席卷全球的部署热潮，并成为当时的行业标准。

截至 2020 年 9 月，全球共有 600 多张移动网络选择了华为的 SingleRAN 解决方案。从北端的挪威到南端的澳大利亚，从德国的核心城市到纳米比亚的沙漠地带，从菲律宾的热带雨林到俄罗斯的冰天雪地，SingleRAN 的足迹已经遍及全球六大洲的各个角落。（信息来源：前华为无线产品经理访谈）

这个案例，毫无疑问是华为阶段性的标志性事件，但在对其进行复盘时，我们时常惊出一身冷汗。其实，那些老牌的通信公司并不缺乏提供类似 SingleRAN 解决方案的技术能力和人才队伍。华为胜出的关键点，其实在于更贴近客户，更快地挖掘出销售线索，以及更快地响应客户痛点，拿出能够满足客户需求的解决方案。

销售成功的逻辑，说到底就是客户、竞争和自身的博弈。谁能快人一步掌握客户的痛点和需求，比竞争对手更好地帮助客户解决问题，谁就能赢得活下去的机会。

事后弥补远不如事中控制，而事中控制又远不如事前管理，这就是线索管理的精髓所在。真正有竞争力的线索，毫无疑问产生于招标之前，因为客户的痛点和需求，早在招标前就已实际存在。谁能第一时间洞察客户痛点，便能掌握真正有价值的线索，在竞争中赢得先机。

4. 发现线索的三大关键点

（1）充分利用时间

时间在哪里，成绩就在哪里。要想真正把客户关系维护和拓展工作落到实处，必须善于调配时间，充分发挥好时间的价值。华为的铁三角销售团队会把每天的工作时间区分格式化，白天的八小时工作时间基本都泡在客户那里，和客户一同上下班，随时收集、积累客户的需求与信息，做好渗透式、发散式的线索创造工作。而在八小时之外，销售人员还不忘“家庭作业”，召开内部信息共享及分析会议，为有意向的客户准备相关资料，让第二天及后续的交流工作得以顺利进行。

（2）针对性交流

对于不同的客户，从规范服务的层面上讲，应该做到一视同仁，但在具体线索的挖掘过程中，则须对症下药。比如：对于技术工程师，可以跟他们讨论产品的技术性能；对于运营层面的客户，讨论交流的则是华为的运营与管理服务优势；而对于运营商市场营销口的相关负责人，则要与其一起研究客户需求和消费习惯，共同开发出适合的套餐与方案……

挖掘线索不是盲人摸象，有的放矢才能事半功倍。铁三角销售团队应该做到让每天的业务交流更加有针对性和系统化，与客户产生黏性。

（3）和客户成为朋友

陌生客户主动打响你的电话，并不意味着你在回复完他的业务咨询之后便可中断与客户的联系，其实这只是线索创造工作的开始。顺着时间的推移，铁三角销售团队还需要持续不断地深入发掘客户信息与需求，以及他们的朋友圈和关系链。

从“外人”到“朋友”是一个巨大的变化，把客户当朋友，也要成为客户的朋友。节假日你可以主动问候客户，客户生日时你也要主动发信息送上祝福。如果你发现了对客户有用的产品信息或行业趋势新方向，不妨及时告知客户，从而让客户把你当朋友，从心底赢得客户的认可与信赖。

市场部门收集信息的渠道和方法多种多样，收集到的线索信息也是五花八门。线索可以是联系人、决策人、产品需求、方案需求、客户名称、预算大小等；不同行业和领域的线索信息也会有不同的特性。接下来，便需要线索管理人员快速分析出适用于自身公司的线索信息，并生成初始线索表单，最后填写并提交线索档案，在有 IT 系统支撑的情况下，直接将线索输入 IT 系统进行管理。

如何把线索转化为机会点

2006—2008 年，华为在海外市场取得了长足发展，尤其在欧洲几个主流大国取得了突破，但即便如此，仍然有几个重点发展中国家如印度、墨西哥、土耳其等，并没有实现主流运营商的规模突破，这成为全公司下一步工作的重点。2006 年 1 月，我被公司任命为墨西哥区域总裁，负责墨西哥（包含中美洲和加勒比海区域）市场。

墨西哥电信和美洲移动都有一个很重要的供应商准入规则，那就是每一个国家和运营商只能有两个主要供应商。而在华为入场之前，这个名额已经饱和。毫无疑问，这是一个十分重要的销售线索，却又十分棘手。如何才能将这个潜在的销售线索转化为实际的销售机会？这个难题无可回避地摆在了我面前。

在做了充分调研之后，我发现墨西哥电信和美洲移动都在斯利姆家族的控制之下，背后的当家董事长卡洛斯·斯利姆·埃卢是世界著名的电信大王，要想进入墨西哥的电信市场，就必须在他身上找到突破口。

为了促使客户接受华为，认可华为公司，必须实现高层交流和破冰。促进公司高层与墨西哥电信董事长的会见，是非常重要的第一步。在分析了墨西哥电信的商业诉求后，2006 年年中，我们主动策划并组织了一场墨西哥企业家与中国企业家的圆桌联谊会，交流两个国家的重要投资发展机会，并进行两国双边贸易额提升的战略研讨。

在中国驻墨西哥使馆的帮助下，这场活动如期举行，并成功邀请到斯利姆·埃卢参加。换句话说，这个销售线索已经变成了实实在在的销售机会，下一步的关键便是说服他采纳我们的产品。

要知道，客户原有的供应商关系非常牢固，不是我们通过简单的商务优惠就可以撼动的，它涉及一套完整的供应商准入规则和选拔程序。斯利姆·埃卢告诉我，要想成为他们的新供应商，一定要有先进的技术，为他们提供全新的业务以及与原有供应商不同的产品。

在这次交流之后，我组织墨西哥团队进行了一次深入的头脑风暴，确定这是一个很好的销售机会。第一，墨西哥电信和原有供应商之间并不是铁板一块，存在改弦更张的可能；第二，他们有着真实的业务需求，他们想获得全新的业务和产品。当然，前提是我们要遵守他们的认证标准和商业规则。

这一点完全没有问题，因为这是华为与全球大客户长期合作的基础。我们自2001年开拓海外市场以来，不断地进行公司变革，先后启动了IPD、ISC等管理变革，持续提升公司业务流程、组织能力和管理体系，以满足全球大客户的业务采购标准和商业规则。由于墨西哥电信和华为从来没有合作过，第一次合作便显得尤为重要，选什么项目作为突破口最合适呢？此时，我无意间看到一份《墨西哥通信报》，给了我很大的灵感。

这份报纸对墨西哥电信部门提出了直接而又尖锐的批评，说他们的眼里只有大城市，完全不顾广大农村的通信需求，以致墨西哥的农村通信长期落后。而华为在中国的农村通信领域以及发展中国家的农村通信领域有着极强的技术优势和许多成功案例，其中的CDMA450农村广覆盖通信解决方案获得了国内外的一致好评。而农村通信市场又是西方国际大公司长期不重视、不愿意投入的领域，可以避开与它们正面竞争带来的冲击。

于是，我们向墨西哥电信提出CDMA450农村广覆盖通信解决方案，通过本地技术测试、网络测试、产品与解决方案交流、中国样板点考察、高层互访等一系列活动，墨西哥电信对华为产生了较强的信任，认可了我们提供的CDMA450业务和服务方案，并成功达成了合作意向。

此次合作取得了极其圆满的成功，墨西哥媒体一改往日犀利的词风，盛赞墨西哥电信对解决农村通信的贡献，而华为也顺理成章地成为墨西哥电信的长期供应商之一，直至今日。

从上面的案例中可以看出，线索不会自然而然地转化为销售机会，而是需要做大量的工作去推动。

1. 以管理项目的思路来管理线索

以华为为例，通过分层管理，建立起总部、地区部和代表处之间的线索管理体系。代表处对短期线索培育负责，总部和地区部对中长期、重大线索培育负责，根据不同要素，对线索项目进行分层分级管理。分层要素包括客户地位，线索预期规模，是否涉及新产品、新解决方案和新商业模式等（见图 3–2）。

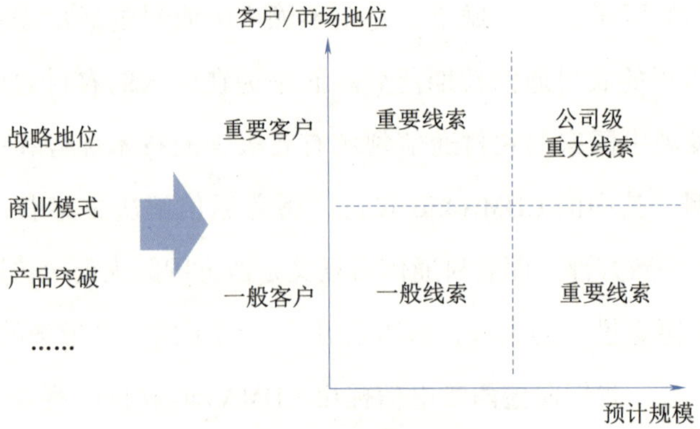

图 3–2　线索分层管理方法示例

2. 引导客户从发现问题到承认痛点

要想把销售线索转化为销售机会，还需要铁三角团队建立起客户、痛点和自己三者之间的连接。注意，这里有两种连接要做，一是客户与痛点之间的连接，二是客户与你之间的连接。具体而言，需要做到以下三点：

（1）让客户意识到痛点足够痛。

在销售过程中，仅仅让客户发现问题是不够的，还要告诉他们这些问题如果不及时解决，会导致怎样的后果，带来多大的损失。就像屋顶有漏洞和细缝，如果觉得现在是晴天不需要修补，等暴风雨来了就来不及了。

没有痛点就没有业务，客户的问题就是推动项目前进的动力。发现问题和解决问题，是销售团队最基本的工作内容。销售人员经常使用的痛点分析引导分类表，如表 3–1 所示。

表 3–1　痛点分析引导分类表

	客户	销售人员
层次四：行动计划	客户充分认识解决问题的必要性，开始制订行动计划	项目策划，制订具体解决方案和竞争策略
层次三：方案构建	客户愿意解决问题，已经有解决问题的设想	帮助客户创建解决方案，如果对手已经帮助客户创建，则引导重新构建
层次二：承认问提	客户承认问题的存在，但是不知如何解决，愿意讨论存在的问题	帮助客户诊断问题，引导客户创建倾向于自己的解决方案设想
层次一：潜在问题	客户未察觉到自己存在问题	帮助客户意识到并承认他存在问题

（2）让客户意识到付费的价值。

客户都会认为花钱是一件很痛苦的事，要让客户认识到问题带来的痛苦比花钱的痛苦更大，客户愿意花钱，销售机会也就产生了。

（3）及时建立起和客户的连接。

当客户想通过购买产品或服务来解决痛点时，会第一时间联系你，而不是联系你的竞争对手。这一点至关重要，否则，你就只是为竞争对手作了嫁衣。如何保证客户在第一时间联系你？这就要依靠日常扎实有效的客户关系工作，也是检验客户关系效果的一个重要指标。

3. 用“错位验证法”验证线索的真实性

由线索提交人以外的其他人员与该客户对接人以及不同层级的客户相关人进行多角度确认，避免单点沟通导致误判和信息误传递。

经过验证，线索可分为初级线索、可信线索以及机会线索三大类（见表 3–2）。

表 3–2　线索分类表

<table>
<tr><th>类别</th><th>客户需求的特征</th><th>跟踪方式</th></tr>
<tr><td>初级线索</td><td>无清晰的业务需求，但是有倾向</td><td>跟踪线索，将类似的线索分组，集中培育</td></tr>
<tr><td>可信线索</td><td>有清晰的业务需求</td><td>跟踪和培育线索</td></tr>
<tr><td rowspan="3">机会线索</td><td>有清晰的决策人或决策团队</td><td rowspan="3">客户经理将线索转化为机会点，并准备立项评审材料</td></tr>
<tr><td>有针对业务需求的投资计划</td></tr>
<tr><td>有明确的项目启动或者关闭时间</td></tr>
</table>

线索在经过验证之后，便需要进行合理的分发，让合适的人干适合的事情，以控制线索的跟进周期，减少流单率（指线索没有转化成订单的比例）。铁三角中的客户经理可根据线索信息挑选认领自己擅长领域的销售线索跟进。

举个例子，电话销售团队通常打电话销售价格较低的产品，因此，他们可以处理大量简单通用、价格相对较低的销售线索；销售高客单价产品的客户经理，通常需要进行比较复杂的交易流程，并且很少在办公室待着，所以更适合给他们数量少但质量高的销售线索。

不是所有的销售线索一开始就适于你的解决方案或适合公司要求，如果铁三角团队中的客户经理能不断调整自己的预期，就有可能将每一个线索和预验证的机会点变成可长期进行业务往来的优质客户。**线索管理的目标是让线索更精准，而不是追求完美。**

同时，有的公司是由方案经理直接管理线索的收集、分发和跟踪阶段的，不管由客户经理还是方案经理管理线索，都可以遵循线索管理的流程和方法。

每个公司由于行业特点和所处阶段不同，其线索管理的具体方法和流程也会有些不同（见图 3–3）。

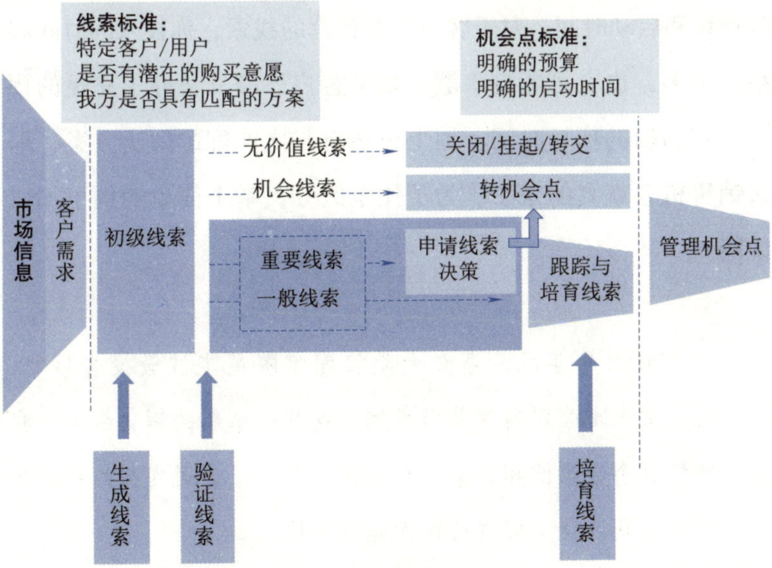

图 3–3　线索管理流程示例

机会点管理，变不确定为确定

线索和机会点都来自客户，二者的主要区别在于是否有明确的预算和启动时间。对于客户没有预算的线索，你投入的时间和精力再多，也有可能打水漂；如果客户已经准备好了充足的预算，有明确的项目时间，加上公司有与之匹配的解决方案，那么销售机会就真的来了。为了便于区分，举个简单的例子加以说明。

2018 年年底，浙江大学管理学院吴晓波教授告诉我，有一家上市公司对变革感兴趣。这是一个新的销售线索，我便将这个线索的相关信息和联系人转告了公司内部的铁三角销售团队，让他们进行线索验证和培育。

我们的产品与解决方案团队通过对这家公司进行深入了

解和行业分析之后，告诉我说:“这家公司是一家较为典型的传统企业，在过去5年里增长乏力，营收一直在30亿~35亿元徘徊，利润和现金流成下降趋势。公司的董事长是个非常有魄力的企业家，愿意花较大的投资让公司发生改变。”

至此，这个销售线索已经转变为机会点，因为对方有着较为强烈的变革意愿，也做好了相应的预算准备。2019年年初，在客户的邀请之下，我们组织铁三角团队前往拜访，进行业务洽谈。我们精心准备的演讲主题为“以客户为中心的经营管理与变革创新”，董事长亲自带领高管团队聆听、交流和提问。在这次拜访中，董事长对我在华为17年工作期间的业务实战经验、大型变革项目实操经验和华为科学管理体系案例的研究成果非常感兴趣，并考察了我们各领域业务交付专家团队，对我们的咨询能力和经验建立起较强的信任，现场直截了当地问我:“范老师，我的企业邀请你们来做管理变革咨询，能不能帮我们实现增长?”

我很敬佩董事长的战略决策力及豪爽，便肯定地告诉他:“只要你敢把公司交给我们做咨询，我们就能让它发生改变，最后用增长和利润数据说话。”

在与对方签署三年的管理变革合作协议之后，我们给这家公司开展了公司治理、战略、流程、营销、技术创新、供应链等一系列变革项目。我们的专业交付让董事长非常满意，也确实产生了明显的成效。2019年，这家公司的年收入同比增长10%，而利润同比大幅增长50%。2020年年报

显示，收入同比增长36%，利润同比增长41%。（信息来源：东方财富网）

从这个案例可以看出，线索转换为机会点，关键在于客户有了明确的预算和确定的时间来做这件事情，以解决他的痛点，而且我们公司也有相应的解决方案来满足客户需求。

如果客户没有预算怎么办？只是等待吗？预算也是可以引导的！

引导预算，可以从以下几个方面着手：

（1）了解客户的投资结构、投资重点，也就是"钱花到哪里"；和客户预算负责人交流讨论，了解客户的预算制定流程，也就是"钱怎么花"。

（2）预算引导前移：通过战略研讨和交流，深度了解客户的建设规划，引导年度预算。

（3）预算"乾坤挪移"：在符合客户业务发展方向的前提下，引导客户把用于友商项目的预算转移到匹配我司的产品和解决方案上来。

（4）引导客户投资结构：引导客户把其他类型项目的预算转移到匹配我司产品和解决方案的相关项目上来。

（5）引导客户做大蛋糕：深度理解客户痛点，用投资回报分析等工具，引导客户用发展的眼光做预算，帮助客户实现商业成功。

（6）引导客户使用融资或者其他商业模式：客户预算不足怎

么办？可以给客户提供融资等金融手段或者其他商业模式以支撑客户业务发展。

（7）通过更高层面的沟通和交流，着眼于企业未来发展前景，增强客户投资信心。

有了明确预算，线索转化为机会点后，铁三角团队需要进一步核实项目的意义、预算、决策链、采购时间、竞争对手信息和市场空间等细节。

对一个正常项目而言，一般可以从以下四个维度洞察机会点（见图 3–4）。

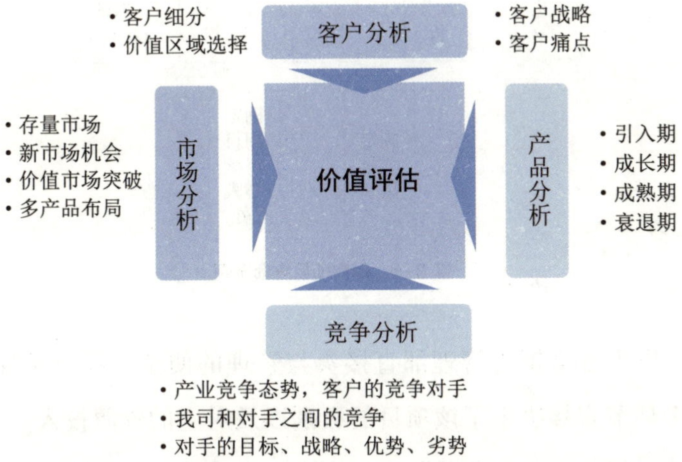

图 3–4　机会点洞察的四个维度

机会点得到进一步核实后，便进入立项决策环节。立项决策是所有商务合同开始的第一步，没有立项的项目不可能进入运营阶段，经过立项的项目都会被赋予一个唯一的编号，直到合同关闭，在系统内根据权限不同可以立刻导出所有立项项目的情况，以便于管理和后续的流程合规审计。

在这个阶段，代表处销售决策团队、被提名的铁三角团队、被提名的项目财经负责人以及交易协调人（销售管理人员）作为主要执行人，进行的工作主要包括：分析并验证机会点、确定机会点级别、准备立项决策（ATI）报告以及执行立项决策结果（见图 3–5）。

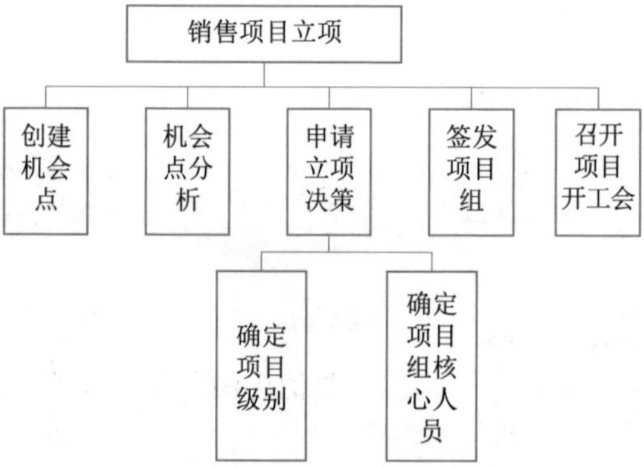

图 3–5 销售项目立项示例

华为各级销售管理部直接参与管理的便是立项决策环节，这个环节直接决定了该项目的级别以及对应的资源投入。立项决策一般是由铁三角团队中的方案经理或者客户经理发起，明确了客户可能需要的产品和预算的多少，以及项目需要申请的级别。

不同的项目级别对应的支撑资源完全不同，包括高层支持资源、研发支持力度、项目预算，等等，相对应的项目奖金也有着巨大的差异。一线的销售团队为了取得更多的资源支持，往往都会想方设法放大自己的机会点以申请高对应的级别，因此制定项目级别标准非常重要。

公司需要从价值区域、价值客户和价值产品这三个维度，对项目进行综合判断，在层层审核验证后确定不同的机会点级别。定级后，便可以围绕这个项目进行人员安排：核心是铁三角销售团队，一般以客户经理为主，承担主要责任。此外，还会配投标经理、商务融资、法务支持等，共同构成项目组，而这个项目组的成员可能又同时负责支持其他几个项目，这就是华为一线资源复用和项目矩阵型的销售管理体系（见表 3–3）。

表 3–3　项目分级示例

项目类别	定级标准	立项决策团队成员
Ⅰ级	1. 对公司产品方向有重大影响 2. 对公司与 S 级客户的合作有重大影响（市场突破/规模销售/重大风险） 3. 对公司的战略行业突破有重大意义 4. 对公司商业模式有重大影响	固定成员：事业部总裁 + 业务部总监 + 总工 按需参加：产品线总监、交付经理、财经经理等
Ⅱ级	不满足Ⅰ级线索的条件，且对公司与 A 级客户的合作有重大影响（市场突破/规模销售/重大风险）	固定成员：业务部总监 + 行业部长 + 行业总工 按需参加：业务部总工、产品线总监、交付经理、财经经理等
Ⅲ级	不满足Ⅰ、Ⅱ级条件的项目，均为Ⅲ级项目	无须决策

由线索到机会点再到最终形成销售，就如一个漏斗，喇叭口越大，最终形成的销售就会越多，这个过程也是销售预测量化的

重要输入。

2020年9月，我应邀参加了一个集团型客户的销售会议。此时离2020年结束只有不到4个月的时间，但因为受疫情影响，该客户的年度销售任务只完成了约55%。

在会上，集团老总忧心忡忡地询问负责主管销售业务的副总裁："今年年底之前，你们到底有没有可能完成年度销售指标？"

销售副总沉吟片刻，说道："以我的经验来看，疫情对我们公司产品的影响已经慢慢散去，完成年度销售指标的难度不算太大。借此机会，我向您立下军令状，一定带领销售团队排除万难，力争超额完成任务！如果完不成，我引咎辞职。"

听了销售副总的回答，集团老总半信半疑地点了点头，不再言语，算是接受了他的说法。

看到这一幕，我不禁有些好奇。当然，在会上我不太方便直接发言，于是便在散会后悄悄地问集团老总："你相信今年的销售任务能够在年底之前完成吗？"

集团老总用略显沉重的语气回答："他（销售副总）都立下军令状了，我还有什么不相信的？退一步说，即便我不太相信他能完成年度销售指标，也得相信他的人品！"紧接着，他转头问我："范老师，除此之外，难道还有别的办法吗？"

办法当然有，比如，借助销售管理工具——销售漏斗。如图 3-6 所示，销售过程可以分为四个阶段，分别是：潜在客户阶段、意向客户阶段、谈判阶段和成交阶段。

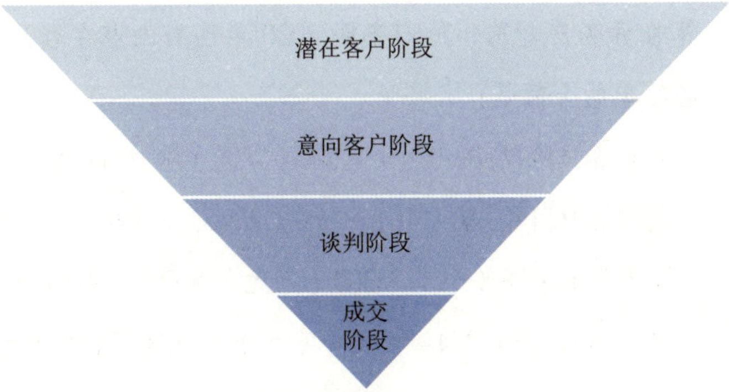

图 3-6 销售漏斗示意图

从上往下看，每一个阶段的基数越来越小，而漏斗的入口处呈喇叭状，因此也被业界称为“喇叭口”。通常情况下，“喇叭口”越大，意味着潜在的客户越多，公司的销售线索基数也就越大，可能转化的客户自然也就越多，公司的利润空间也越大。

“销售漏斗”其实是一种形象的比喻，它的目的是使销售的整体过程变得更加量化。上面这位集团老总的问题，如果运用销售漏斗来解决，就会变得较为直观、简单、可控，而不是将完成年度销售指标的希望寄托在销售副总的所谓“军令状”上。

按照销售漏斗的原理，我将该客户的销售分为四个阶段，每个阶段的销售成功概率分别是10%、40%、60%和80%。通过走访，我了解到每个阶段正在运作的项目数分别是89个、46个、28个和9个，每个项目的标的大小统一按照300万元计算，销售周期是4个月。随后，我便通过计算告诉客户老总，他们集团2020年已有的潜在客户最终可能签单的金额是：

潜在客户阶段:89（个）×300（万元）×10%=2670万元；

意向客户阶段:46（个）×300（万元）×40%=5520万元；

谈判阶段：28（个）×300（万元）×60%=5040万元；

成交阶段：9（个）×300（万元）×80%=2160万元。

以上四个阶段的最终签单金额相加，便可得出客户集团在2020年最后一个季度可以完成的销售金额：

2670+5520+5040+2160=15390万元。

一边是销售副总拍胸脯立下军令状的信誓旦旦，另一边是我通过计算给出的直观数据，两相对比，高下立判。正是通过这种量化的管理，这家公司在年末销售冲刺过程中能够做到有的放矢，最后顺利完成了年度销售任务。

团队销售中最难处理的地方在于过程的不确定性。因为正在运作的项目总是处于各种可能发生的变化之中，而销售漏斗的基本思想就是变不确定为确定。请记住：**只有确定才能量化，只有量化才能管理**。常见的销售预测体系如图3-7所示。

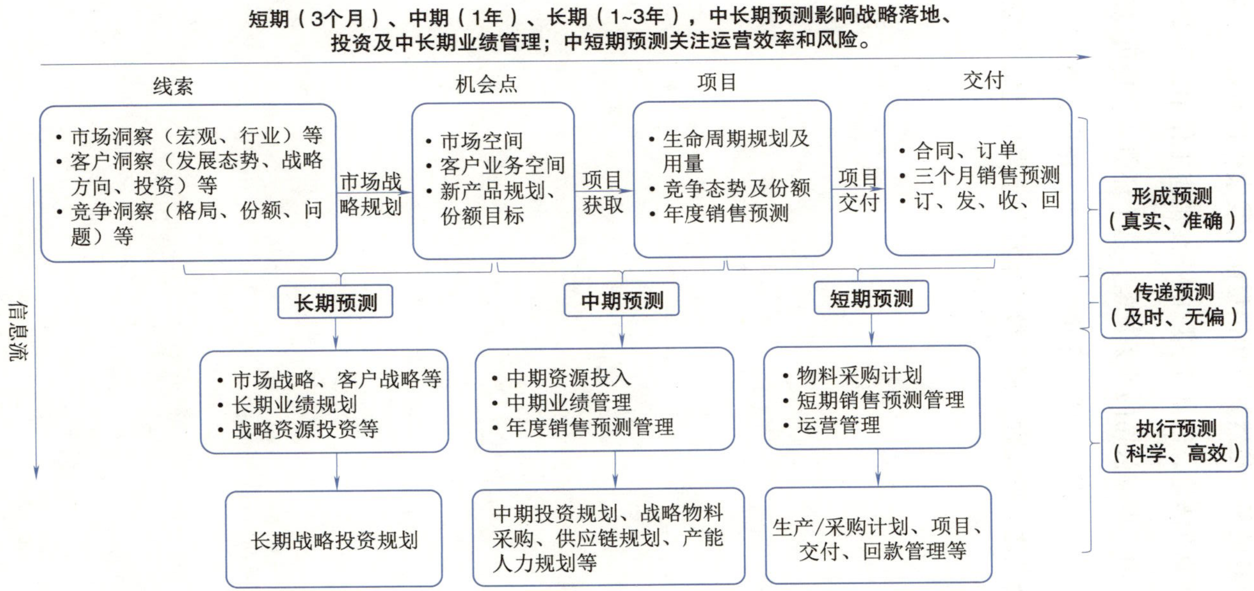

图 3-7　销售预测体系示例

需要注意的是，虽然铁三角销售法对线索管理有着一套较为完整、系统的方法论，但是在实际的一线销售工作中，不要把流程搞得很烦琐，根据公司的业务规模，这个环节的管理可以放宽一些，抓住关键点即可。铁三角销售团队的工作重心还是应当更偏向于机会点之后的流程，而考核和审计的重点也是始于机会点管理。

80% 的结果在发标前就已经决定了

有经验的销售人员都知道，一个项目标书发出来的时候，80% 的结果其实已经基本决定了。铁三角销售法的核心之一，就是各个角色在线索开始就不同程度地介入，标前引导是一个非常重要的阶段。

标前引导主要包括：公司价值主张的制定和传递，客户关系规划和拓展，解决方案引导。

1. 客户为什么选择你?

当一个机会点摆在公司面前时，客户首先看公司品牌和解决方案是否匹配，尤其是全新客户或者在老客户中推广的全新战略产品。客户为什么选择你？**关键是你向客户传递了什么样的价值主张，你能帮助客户实现什么价值。**

如图 3-8 所示，公司的价值主张主要由四部分组成：客户需

图 3-8　价值主张示意图

求满足程度、公司独特优势、方案独特价值以及竞争差异价值。具体包括以下内容：

（1）从客户、竞争对手和自身三大维度进行系统性分析，制定和持续优化价值主张，形成自身独特的技术、产品、服务及综合解决方案优势。

（2）以客户需求和痛点为出发点，强调客户成功关键要素分析，识别其权重，结构化制定出引导策略，协助客户制定合理的技术、产品、服务和综合解决方案招标规则。对技术招标规则的引导是项目成功至关重要的因素。

（3）设计公司对于客户的技术、产品、服务以及综合解决方案的价值呈现，有效结构化方案价值，并将价值货币化。这个阶段是客户淘汰劣质供应商的最佳时期，公司应协助客户制定合理的商务招标规则。

（4）向客户提供有针对性的差异化优势方案，让客户准确把握住核心技术水平、产品质量高低、供货能力强弱、运作速度快慢、服务水平高低等差异化价值，并将公司的关键信息在引导过程中传递给客户，以促进客户的理性购买。

在这个阶段，每一个公司的价值定位和营销管理水平可以体现在预见的市场份额和竞争定位上，依然由铁三角销售团队中的客户经理承担主要责任。

2. 找对人，说上话，办成事

客户关系是项目运作的基础，没有良好的客户关系，就无法准确了解客户的真实需求和业务痛点，也就无法制定出打动客户的价值主张，更无法传递价值主张。

客户关系策略可以简单地表述为一句话：**找对人，说上话，办成事。**

我在做管理咨询的过程中经常听客户抱怨："范老师，我们公司对客户关系这一块很重视，即便是客户单位的基层员工，我们也会深入沟通和加强联系。时间和精力付出了不少，但是效果却不太好，经常在莫名其妙的环节碰上'程咬金'，不是老板太太说我们的知名度太小，便是某个八竿子打不着的部门对我们横挑鼻子竖挑眼，每次都输得很冤枉。"

真的冤枉吗？其实不然。他们的问题其实出在没有准确摸清客户的决策链条，将大部分力气用错了地方。要知道，从机会点到最终生成合同，整个过程势必涉及客户方的多人决策，并最终形成一条决策链条。在这条决策链上往往存在若干个角色，这些角色对该销售机会的最后确定发挥着至关重要的作用，如果处理不当或者有所遗漏，很容易出现“莫名其妙的刁难”。

决策链条上的这些角色与客户组织机构中的部门以及职位密切相关。在确定角色的基础上，再将角色和部门以及任职者一一对应，就能准确找到该决策链条上的关键人物。因此，了解并充分分析客户决策链条中的关键角色及相互关系，对整个机会点的把控至关重要。

试想，人都找错了，怎么可能对最终的决策说上话，更不用说办成事了。**销售的本质，就是一个不断对客户决策链条施加影响的过程**。结合此前介绍过的机会点管理流程，就能比较容易地倒推出在正常情况下，客户决策链条上的角色分布。

机会点管理的最后一个环节是谈判生成合同，那么销售人员就应当思考，谁能在这个合同上签字？这里自然存在一个批准者的角色。

但在签合同之前，肯定需要对该项目做出决策：签还是不签？合同条款是否需要进行相应调整？决策者的角色便呼之欲出。需要注意的是，在很多公司中，批准者和决策者往往是同一个人。

为了查缺补漏，让决策对公司更加有利，决策者往往还会向相关人员征求意见，比如产品的使用者、客户的采购人员等。这些人的建议和意见可能会对合同产生一定影响，可称为决策的影响者。

而那些使用过该产品的人，或者和该客户有过接触的人，其角色很有可能是评估者。

需要重点提醒的是，销售人员在评估客户的决策链条时，千万不要忽视一些关键的隐形角色。例如，决策者的股东、利益相关方、家人、好友、社交团体成员等，都很有可能对该决策者产生影响。

另外，直接业务相关方的领导及分管的副总，有时甚至还包括一些客户单位中的明日之星（具有发展潜力的管理者、技术骨干或业务骨干），都有可能对项目决策产生影响。因此，一个完整的客户决策链条，必须对这些“隐形角色”加以分析。

在确定客户的决策链后，还需识别竞争对手与客户的关系，以及本公司与客户的关系对比，这一点非常关键。举个例子，竞争对手和客户的市场总监关系良好，这就是对你不利的关系；而技术部主管很认同你公司的产品，具有较为明显的选择倾向，这种关系自然对你有利。

一旦对机会点进行综合分析之后，就要制定相应的拓展策略和客户关系规划，确定在整个决策链条中先找谁后找谁，由谁和谁洽谈。如果你在某一位决策成员那里受阻，则需调动公司资源，去获取另外一个对决策影响力更大的成员的支持。

在此过程中，通常会用到以下两个专业工具：

（1）客户“权力地图”

顾名思义，“权力地图”展示的是客户内部的权力结构，以及他们对相关决策的影响力。对销售人员而言，弄明白“谁能决定购买你的产品或服务”这个问题至关重要！想要更加清晰地体现客户的决策链条，客户“权力地图”就能派上大用场。

举个简单的例子，在咨询工作中，我辅导过一个主营大宗电力设备的S公司，在一次与其客户（某电厂）的合作项目中，S公司与业内一个强力的竞争对手狭路相逢。

在拓展客户关系的过程中，S公司的铁三角团队了解到，这家电厂的最高领导是董事长，但因年纪和身体的缘故，已不太参与公司的实际经营，日常事务和项目合同签订都是由总经理全权负责。该设备由采购部进行采购，由运行部负责后期的运行和维护。这两个部门的负责人分别是两位部长。在运行部之下，还设有两个主任岗位。另外，该电厂还有一名曾被评为省级劳模的高级工程师，在公司决策中也有一定的话语权，被认为是日后主任岗位的有力竞争者。

在这些能够对该项目决策产生影响的角色中，两位部长和一位主任更偏向于使用竞争对手的产品，另一位主任则属于典型的技术派，不太热衷于社交应酬，平时也不对公司决策发表意见。

为了拿下该项目，S公司将项目突破口确定为电厂总经理，运用铁三角销售法，邀请总经理去公司总部考察（公司考察），参观已交付使用的样板点（样板点参观），还安排S公司总裁拜访电厂董事长和总经理（高层拜访），确保董事长是中立的，并与总经理进行洽谈。经过多方努力，S公司取得了电厂总经理的最终认可，明确表达了和S公司合作的强烈意愿。

与此同时，为了确保合同尽快落地，S公司还对那位高级工程师进行了定点沟通和交流，取得了他在技术方案上的认可和支持。

此时，基于对该电厂决策链条的分析，S公司绘制出了可执行、可跟踪、可管理的客户“权力地图”（见图3–9）。为了让竞争态势更为量化可控，可以将“强烈的排他性支持”定为3分，“良好的业务联系”定为2分，“微弱的支持”则定为1分，“中立”为零分。

通过该“权力地图”可以清楚地看出，董事长不过问具体事务，是个中立派；总经理旗帜鲜明地支持S公司，由于具有明显的排他性，计为3分；采购部和运行部的两位部长以及一位主任，都更偏向于竞争对手，但态度并不十分强烈，都可计为1分；另一位主任的态度模糊，但并不倾向于竞争对手，因此不是很重要；该电厂的“明日之星”、那位高级工程师则支持购买S公司的产品，由于他对决策的影响权重更低一层，只可算作1分。

综合来看，S公司在该电厂的决策链条中取得了4分的总分，高于竞争对手的3分。纸上得来终觉浅，实际的效果如何？在该项目公开招标之后，S公司的老总很兴奋地给我打电话报喜：“范老师，铁三角销售法的工具真的很管用，我们终于拿下了那笔订单。虽然优势并不明显，但总算没有输给老对手！”

当然，上述的分值判断并不是由一个绝对的计算工具得出，而是基于S公司日常的客户拓展工作和技术交流结果的主观认知得出的。这个分值是否真实准确，完全依赖于平时的工作是否扎实。

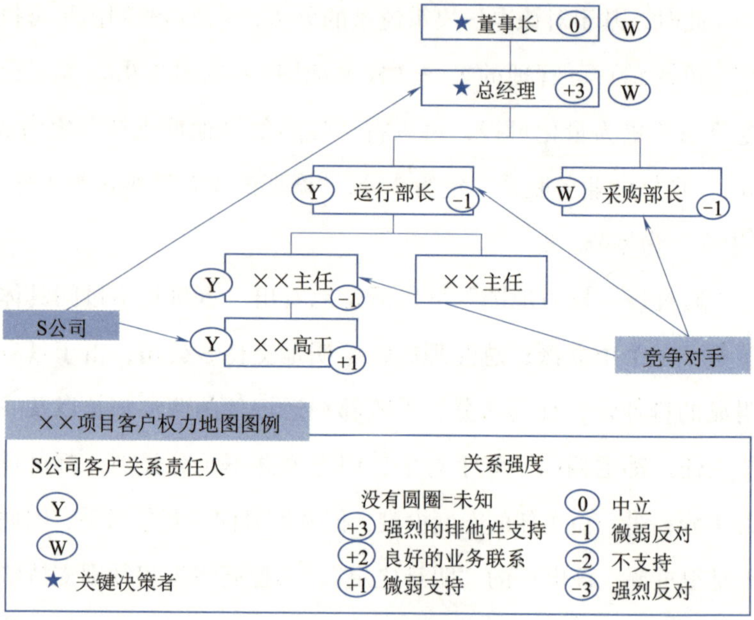

图 3-9 客户权力地图示意图

还应当注意，在做“权力地图”分析的时候，不能简单地照搬照抄客户的组织结构图，因为对于同一家公司，特别是一些大型客户，即使只有一张组织结构图，但是由于项目不同、负责人不同，或者项目牵头人不同，“权力地图”会有很大的不同，所以对于每个新项目都要重新进行分析，制定出新的“权力地图”。

鉴于客户“权力地图”对一线销售工作很有帮助，因此要坚定地在铁三角团队中大力推行和普及，并作为日常项目运作的基本工作内容。

（2）鱼骨图

在画出客户的“权力地图”之后，销售人员还需要对决策链条中的关键角色、岗位以及人员进行深入分析，此时需要用到的工具叫“鱼骨图”（见图 3–10）。

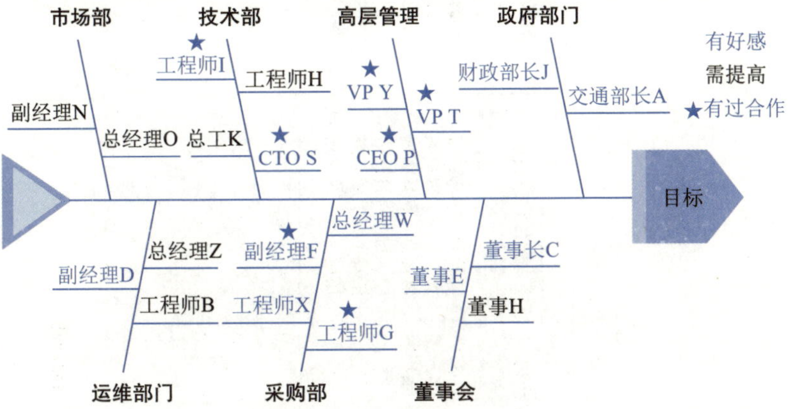

图 3–10　客户组织结构鱼骨图

从右往左看，越靠近目标的决策链角色越重要；从外围向中心轴看，决策链角色中越靠近轴线的越重要。销售人员可以通过使用不同的颜色来标明关系现状。针对不同的目标，有不同的决策链，这样就可以快速得出下一步的工作计划，有针对性地关注和改善客户关系。在用“鱼骨图”进行分析的过程中，要精准到人物的职务和姓名。

好的将军绝不打无准备之战。要想在销售过程中“找对人，说上话，办成事”，就要学会合理利用工具，分析该机会点决策链条上的每一个角色和所对应的人物，并找出相应的对策，为他们提供有价值的产品与解决方案。只要坚持在日常工作中落实使用，自然无往而不利。图 3–11 就是一幅常见的决策链关系拓展流程图。

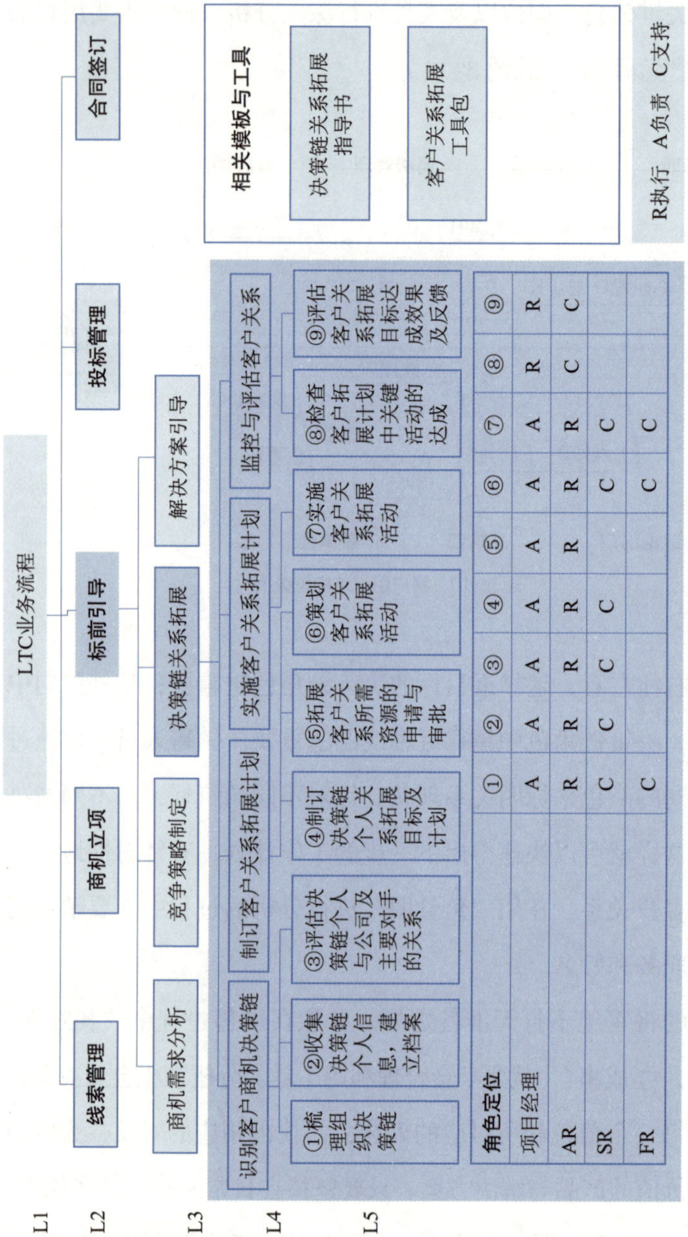

图 3-11 决策链关系拓展流程示例

在完成项目分析、理清客户决策链条之后，你肯定想确定这个机会点是否有可能转化为合同，这就需要你上门拜访客户。有客户的地方就是销售人员的战场，开局就是决战，做不好拜访就做不好销售！

拜访是铁三角销售法的基本动作，也是建立客户关系的基本通道，包括常规拜访、家庭拜访和高层拜访等多种形式，用以形成客户关系分层次的多点支撑。销售队伍中的所有成员（包括副总裁以上的高管）都要围着客户转，铁三角中的每个人每周最少见客户 5 次，公司副总裁以上高管每个月至少拜访重点客户 3~4 次，然后将拜访情况统一汇报到客户关系管理部门并接受考核。

客户拜访是每一个铁三角销售团队的基本功。在此过程中，不但要达成拜访的目标，还要给客户带来比竞争对手更大的价值和更好的体验。这就要求销售人员根据项目级别和项目阶段，在拜访之前精心策划、充分准备。鉴于客户拜访与接触的重要性，现总结以下三句话，分别代表拜访的三个关键点：

（1）精心策划，重视细节，提升客户体验。

铁三角销售团队从来不打无准备之仗，就连拜访客户也是经过了精心的策划和准备，确保每次拜访都能够解决问题，能给客户带来价值，还要给客户带来新思想、新方法、新思路、新产品、新工具等。

每一次出牌，都是一场有策划的行动！这就要求销售人员在拜访客户之前，一定要围绕项目需求进行策划，明确拜访目的，确定拜访目标，了解客户背景，控制实施过程和时间的准确性，倾听客户声音，抓取客户需求，沿着项目决策链解决实际问题，不断提升客户体验。一般的准备包括客户沟通、人员安排、拜访材料、文化礼品、其他资源协调等等。

华为铁三角销售团队在去见任何一个客户之前，都会打出5页以上的PPT演示文稿，用以向客户汇报公司和相关产品，这一点在业内有口皆碑。

每一次在拜访客户时，我们都会通过PPT展示，向客户介绍华为是一家什么样的高科技公司，我们能够提供哪些服务，能为客户带来哪些价值。在我们介绍过程中，客户就会产生相关反馈："为什么是这样？""你们如何帮助我？"进一步的互动和交流就此产生。

而有些销售人员在拜访客户时基本不做任何书面准备，空口白话显得可信度极低，甚至有些人连本子和笔都不带。如果你连基本的素材和资料都没有，如何让客户产生思索？更别提内心深处的价值共鸣了。

除了走出去主动拜访客户，销售人员还要将客户请进公司。依据项目需要，安排客户参观考察公司总部，公司和一线紧密合作接待客户，让客户获得最佳体验。

可能有人会产生这样的疑问："范老师，我一直听你说客户体验，到底什么是体验？"要想弄明白这个问题，不妨看看下面的这个故事。

我在担任华为墨西哥区域总裁的时候，曾经陪同墨西哥电信的联合董事长和太太来中国参观访问。在专机上，空姐送上的一份中式点心让董事长太太赞不绝口，我便让空姐再准备几份，以便打包送给董事长太太回去慢慢品尝。然而空姐非常抱歉地告诉我，点心是按乘机人数准备的，一份多余的也没有。

一般的销售人员在得知这个消息后可能便会作罢，我却想着礼物虽小，但能充分体现华为人对客户的热情，不能就此放弃。于是，我便向空姐打听了点心的进货渠道，在飞机落地后便安排人购买。

在深圳，当我们结束一天的考察回到酒店后，我敲响了董事长所在套间的房门。董事长太太开门后，我递给她一个包装精美的包裹，并跟她说："这是您最喜欢的中式点心，我们特意为您准备了几份。"

话音未落，董事长太太便"哇"地叫了出来，连声告诉我："Frank（我的英文名），我真是太感动了，谢谢，谢谢你！"

这只是华为人在客户工作中的一个小细节，然而细节里藏着"魔鬼"，细到什么程度？我们甚至在酒店配的浴袍袖口上绣上了董事长夫妇的名字。这些事先策划好的细节，体现的是我们对客户的尊重。我想，我花费半年时间多次拜访董事长给他留下的印象，都没有他在异国他乡时收获的感动和印象深刻。在结束考察回国之后，董事长很快便敲定了和华为的长期合作意向。

一个好的销售团队，绝不能天天想着算计客户，千方百计将合同价格做高，或者以次充好、以假乱真，而是应该持之以恒地为客户提供五星级的服务和真正的好产品、好服务，让客户充分感知公司的商业价值。在这方面，华为铁三角销售团队既是合作关系，又有明确分工。

天下之难作于易，天下之大作于细。正是凭借这些看似不起眼的细节，华为的客户关系维护远远走在了竞争对手的前面。真正困难的，是**用规则的确定性来应对业务运作过程中的不确定性**。华为能够走到今天，就是因为坚持做到了以客户为中心，快速响应客户的需求。

（2）以终为始，达成拜访目标。

拜访就是建立连接、交流信息、达成共识。“终”指的是期望达成的目标，而启动拜访的构想就是“始”。拜访，要站在目标看策划，站在未来看现在。销售人员要非常清楚这一点，每次拜访都要有清晰的目标，必须围绕目标的达成展开，这就是目标导向。

在销售项目的运作过程中，标前引导阶段的拜访最为关键。在这期间，项目组需要针对客户的需求和痛点，重塑客户购买构想，向客户引导技术、产品、服务和解决方案，还有融资和商务，以及招标规则和评标规则。

前文说过我在墨西哥拜访卡洛斯的故事。他是墨西哥电信和和美洲移动集团新进网络供应商的最高决策人，一般很难实现对他的拜访。为了拜访此人，我想了各种办法，也曾安排高层领导预约，从常规登门拜访到正规商函约见或找人引荐，但是处处碰壁，收效甚微。

为了最终实现拜访的目标，我改变策略，从顶层入手，利用墨西哥大使馆举办中国和墨西哥优秀企业家联谊会的机会，邀请华为公司董事亲临现场，和卡洛斯先生坐到了一起，著名的世界电信大王在听取我们的汇报后，在材料上写下："请赫克托·斯利姆（墨西哥电信总裁）与华为探讨 CDMA450 技术如何改善国家农村通信服务。"华为由此实现了与墨西哥电信 & 美洲移动集团董事长的第一次历史性拜访和交流。

客户拜访已经成为华为销售的例行工作，固化为常规标准动作，融入华为销售人员的血液之中。高级的客户关系行为就建立在这些基本动作之上。针对重大的拜访，尤其是高层拜访，以终为始是拜访成功的重要思路之一。**良好的开始是成功的一半，用于破局的武器，必须是精品。**销售团队必须要有这个习惯。

（3）勤于复盘，预见下一次成功。

围绕客户决策链进行大量拜访是一个系统性工程，需要执行、验证、调整、再次执行。在此过程中，复盘就显得尤为重要。无论成败，都要勤于复盘。在拜访中，铁三角销售团队要特别注意倾听和记录客户的声音，回到公司要和团队反复地研究分析，刷新拜访策略和下一步行动计划。

2002 年我在主管巴西市场的时候，有一位产品经理一个月仅拜访客户 3 次，我问他为什么，他说本地客户经理不愿带他见客户，自己又约不到客户。为此我召集产品线所有的产品经理一起进行复盘，最后明确做好四件事来增加产品经理与客户的沟通。

第一，拜访策划，每一次见客户必须先充分了解客户的背景和网络分析，明确要见谁，要达到什么目的。

第二，精心准备，向公司求助，拿到最新的产品资料，并做好客户化定制。

第三，与客户经理充分沟通，进行拜访前的预演。

第四，以老带新，教练式辅导。

经过3个月的执行，这位产品经理逐步与客户建立了联系，能够自己约见客户，每月与客户见面达到10次以上。

对于复盘，一个非常值得借鉴的案例是美军的AAR（after action review，事后复盘）方法。在越战中，美军飞机和苏联飞机的作战交换比为1∶2.4，换言之，1架美国飞机能换2.4架苏联飞机，这个数据远低于朝鲜战争中的同类数据（大约1∶5）。于是，美军就启动了AAR方法，这个方法有三个要点：**训练接近实战，结果记录在案，训练后进行复盘和点评。**

这个方法使得训练后的美国海军在空战的交换比提升了5倍多，达到了1∶12.5，这是一个非常明显的提升。华为将AAR引入销售人员的管理，发起了一次“铸剑行动”，用以模拟真实的项目拓展过程。

在“铸剑行动”中，不同的铁三角销售团队分别模拟不同的对手进行对战，并配以有实践经验的教练进行引导，最后进行复盘，用最接近真实场景的训战和复盘来快速提升销售团队的拜访技能。多次活动下来，掌握基本技能的新员工很快就能成为拜访高手。

对于成功经验，铁三角团队发扬光大，在后续拜访中借鉴；对于失败教训，铁三角团队则引以为戒，在后续拜访中改进和规避，不再犯同样的错误。这样就能确保销售项目中的拜访效果越来越好，进而准确预见下一次拜访的成功，从不确定走向确定。

客户拜访是人性理解力的修炼，通过不断感悟、顿悟和站在客户的角度深度思考，替客户着想，用动人心弦的行动激发人心内在的善。

3. 销售不仅是产品的竞争，更是方案的竞争

公司的技术、产品、产品组合、系统性解决方案和业务特性，必须满足客户需求，既要能为客户解决实际问题，又要具有先进性和竞争性，为客户带来便利和利益，同时还要在商务价格上具有明显优势。**销售不仅是产品的竞争，更是方案的竞争。不要对客户说你的产品有多牛，而要说你的方案对他有什么价值！**

在管理销售时，我们常用追求心仪的姑娘来比喻对机会点管理的过程。当你了解到一个机会点时，就好比遇见了让你心仪的姑娘。此时，切忌瞻前顾后、原地打转，你要尽快在这个姑娘没有和其他人确定恋爱关系之前（不给竞争对手机会），让她先考虑你（签下合同）。

对通过机会点验证的项目，要像正式追求女朋友一样，时时刻刻都要细心，才有可能打动她的芳心。只有站在她的角度，以

她为中心，为她着想，她才愿意和你交往。一言以蔽之：让对方将更多的时间花在你这里，而不是你的情敌那里。

但从客户的角度来看，他对你和你的竞争对手可能都不太了解，或者仅仅是听说了你们的名字而已，你和竞争对手的客户基础都很薄弱。此时，你要如何赢得客户的青睐，拿下这个来之不易的机会点？最好的答案莫过于有差异化的竞争方案。

1999 年，彼时的中国移动还是独立挂牌不久的新运营商，各地的省级公司大多具有独立采购权。此时，华为通过各种渠道得知了一个新的机会点：中国移动 A 省公司要采购智能网（预付费）设备。于是，华为当地的代表处迅速成立项目组，负责攻坚拿下该项目。

项目经理组织召开项目分析会，群策群力，分析出客户的真实需求：作为新成立的运营商，中国移动 A 省公司期望在最短时间内完成建网工作，快速获取移动用户，继而获得运营收益，在与中国联通 A 省公司的竞争中获得先发优势。

从这个客户的需求中，不难看出客户的痛点在于时间和收益。天下武功，唯快不破。在同等技术水平和商务条件下，谁能更快地完成项目，谁就能带给客户更好的感知。

要想拿下这个项目，需要从时间和收益两方面共同发力。它要求设备供应商具备极其快速的响应能力和强大的交付能力，而这正是华为的优势所在。

项目组制订了快速建网运营的整体解决方案，包括快速到货、分布式施工，统筹硬件、软件、测试、验收、培训、上线和运营等诸多环节，并制订了详尽的时间计划。该方案的核心价值点便是为客户争取时间，让客户能够保质保量地在最短时间内投入运营并产生收益，为客户带来超高的投资收益比。

随后，项目组又了解到：在客户的决策链条中，技术处和计划处的负责人都拥有建议权，而最终的决策人是中国移动A省公司的总经理，他刚刚从中国电信调入，诉求是快速地在业务上取得成绩。而华为的竞争对手（F公司和G公司）虽然在产品性能和价格上和华为不相上下，甚至略占优势，但是在快速交付方面存在明显不足。

由此，项目组确定了最终的项目策略：在技术测试方面必须排名第一，而在解决方案上则引导客户关注快速建网与建设周期内的投资收益比，突出如果由华为承建，能够提前半年给客户带来的价值和收益。另外，在商务价格方面也要保持合理的利润，以建立良好的客户关系为支撑，实现独家中标的目标。让客户从关注投资成本转向关注综合成本，再到关注投资价值回报和价值分配。

由于前期准备充分且全面，最终的结果是华为不但独家中标，而且利润良好，客户也通过此次合作超额完成了经营目标，双方共赢，皆大欢喜。

通过前期的项目分析会，华为的项目组在发现机会点之后，很快便能挖掘出客户的真实需求和痛点，有针对性地制定项目策略，确保项目满足客户需求，并提出有差异化、竞争力的解决方案，创造了独特的客户价值，与客户建立起良好的关系。

在这里有必要强调一下，华为的快速响应能力得益于一线团队的密切协同，他们负责打破各种部门墙，从机制和流程中避免了内耗。比如研发，一个大的研发部门，动辄有成百上千号人，研发部门如果存在沟通不畅、搪塞推诿的现象，对于一线的销售团队来说绝对是个噩梦。

在铁三角销售团队的方案经理和交付经理背后，都有对应的研发“娘家组织”给予支持和配合。在华为，**市场和研发不是两张“皮”，而是天然的联盟。**如果一线呼唤“炮火支援”，公司就会安排产品管理的专家来一线，和铁三角团队一起参与关键项目的拓展与竞争，这是他们的岗位职责之一。

某些关键大项目的运作周期比较长，有些甚至达到半年至一年。很多技术标准和要求都是由省级公司以及研究院等专业技术人员制定的。如果公司的相关专家能够提前参与到客户的沟通交流中，就能获得很多关键信息，以便快速进行产品开发和布局，实现技术领先和测试领先，最后在项目投标的过程中获得领先于竞争对手的技术评分，从而为公司带来较高的商务溢价能力，提升项目的盈利水平。

在华为内部，类似这样的故事还有很多，让华为在竞争中未发先至，将竞争对手远远抛在身后。

为了统一网络规划和统一服务质量标准，国内运营商将大部分网络设备的采购权从地级市公司收到省级公司，最后收到了集团公司。因此，很多西方通信设备公司对省级以下的代表处进行了精简，地级市基本不设代表机构。在这种大背景下，华为却反其道而行之，加强了本地网营销及服务队伍的建设，基本上为每个本地网都配了一个铁三角销售团队。

这种做法，让华为在客户遇到问题的第一时间就能得知新的机会点，并针对西方公司存在的固有问题，提出有差异化和竞争力的项目方案，逐步蚕食了西方公司在通信网络各个领域的国内市场份额。

同时，华为还特地成立了一个“挖土豆”团队，专门负责在地级市的本地网中寻找机会点，或者跟运营商的一线市场人员一起寻找业务的增长点。这种做法的最直接效果，便是在运营商投资下滑、竞争对手集体疲软的情况下，华为依然能够保持强劲的业绩增长态势。

在国内如此，在国外也是一样。

2007 年 5 月，孟加拉国遭受台风袭击，导致客户的设备大规模受损。客户在情急之下打电话给华为的孟加拉国代表处寻求帮助，希望他们能够紧急支援两套应急通信设备。代表处的铁三角团队在得知这一信息后，立即向公司“呼唤炮火”，迅速为客户申请下来两套应急通信设备，供客户应急使用，解了客户的燃眉之急。

疾风知劲草，患难见真情。正是基于铁三角团队在关键时刻的快速响应，华为赢得了孟加拉国客户的信任。在这笔交易结束之后，这家运营商很快就决定，再从华为采购 50 套应急通信设备。在这个过程中，华为压根儿没有给竞争对手留下任何可乘之机。

个中道理不言而喻。通过日积月累的持续投入和具有竞争力的差异化方案，客户完全习惯了你的打法和节奏，对竞争对手而言，这无疑是个极其强大的壁垒，针扎不透，水泼不进。

道理很容易懂，但到底如何才能制订出差异化解决方案？要想解决这个问题，必须先从客户的痛点入手，帮助客户识别和直击痛点。一般我们采用尼尔·雷克汉姆先生的SPIN销售法帮助客户识别痛点。这是一种行之有效的顾问式销售策略，它有针对性地提出具有差异化和竞争力的解决方案，让竞争对手无计可施。具体而言，SPIN销售法可分为以下四个部分。

（1）S（situation question）：背景问题

通过询问背景问题，我们可以发现客户的不满、困难和痛点。

比如：客户所处国家的宏观环境对它有没有影响？客户之间的竞争是不是驱动它的因素？客户投资建设的规划及方向是什么？

（2）P（problem question）：困难问题

即客户对现状所持的问题、不满或存在的困难，这是客户的隐性需求。有可能客户自己没有意识到这些困难，或者即便意识到了也觉得问题不大，没有引起重视，更不会采取行动做出改变。

比如：客户的市场战略是什么？客户有没有盈利的痛点？客户的抗风险能力如何？如何化解风险？客户的业务部署有没有痛点？客户的网络痛点在哪？客户的网络性能如何？项目的成本是不是痛点？

（3）I（implication question）：暗示问题

暗示问题指的是如果不及时解决客户的痛点，将会带来更大的麻烦，付出更高的成本，以及承担更大的风险。要让客户意识到痛点的紧迫程度，必须采取行动做出改变。此时，之前的隐性需求就变成了显性需求。

比如：客户网络的架构、性能或成本问题如果不优化，是不是就无法赢得消费者，继而无法获得财务回报？对公司而言是不是很危险？对个人而言是不是影响个人发展？

（4）N（need-pay off question）：需求效益问题

在涉及需求效益问题时，客户往往会参与讨论解决方案及其能够产生的价值。对于这样的问题，大部分客户会表示支持和赞同。需要强调的是，需求效益问题注重的是解决方案，而暗示问题的关注点是问题本身。

比如，通过向客户介绍公司的全球应用案例来消除客户的担忧。同时，通过客户自己的技术测试验证解决方案的可行性，让客户感知价值。

SPIN 销售法的核心，在于通过一系列提问启发目标客户的潜在需求，使其认识到购买此产品为他带来的价值。这种销售方法能够帮助销售人员较为准确地找到客户的痛点，从而让解决方案有的放矢。

销售团队之间的竞争，绝不仅仅是产品之间的竞争，更是方案之间的竞争。谁的方案能帮助客户解决问题，谁就拥有最终胜出的资本（见图 3-12）。

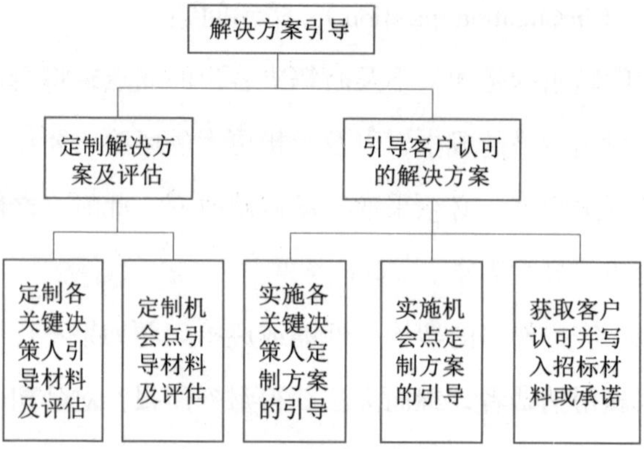

图 3-12 解决方案引导流程示例

项目成功的 80% 在于标前引导，在这个阶段能否建立起有效的客户关系、制订出真正解决客户痛点的方案，并在合适的时间、向合适的人传递公司的价值主张，是项目成功的关键。这个阶段的运作管理至关重要，也是铁三角销售法的最重要环节。

高质量合同：“赢”“盈”并重，风险可控

当经过机会点管理的一系列过程，销售人员终于成功地与客户达成了合作意向，接下来的关键一步就是签订合同。在很多人的固有认知中，签合同就是买卖双方坐到一起，在拟定好的合同上签字。其实，这是对合同签订的一种肤浅理解。同样是合同，也有能不能赚钱、是否存在隐患、客户能否满意等诸多评判标准。台上一分钟，台下十年功。**签订合同之前的一系列相关工作，直接决定了合同质量的高低。**

什么是高质量合同？华为对此的理解极为直白、简练而精确，那就是**“合理利润、正现金流、风险可控、客户满意”**。高质量合同除了能给客户带来正向的商业价值，还应该让双方都能规避潜在的风险，最终实现双赢。要想实现这个目标，需要

系统性地评审、决策，并对合同的条款风险和履行风险进行严格管控。

1. 按业务领域分类进行专业评审

把专业的事交给专业的人去做，是华为在铁三角销售法中一以贯之的重要原则。为了实现项目“赢”的目标（成功中标）和“盈”的目标（合同盈利），以及确保项目全过程风险可控，华为在销售流程中设置了若干关键控制点，包括立项决策、投标决策、签约决策、合同变更决策和合同关闭决策（见图 3-13）。

在 ATB、ATC、ATAC 三个关键控制点，华为会严格执行专业的评审流程，让**评审与决策相分离**，目的在于揭示风险和修正错误，支撑各级销售决策团队提升合同质量。所有在投标、销售合同或合同变更阶段向客户界面递交的与销售相关的协议及各类契约化文件（甚至部分邮件承诺），都要经过专业评审，包括解决方案、服务交付、财经、商务与法务四个专业模块。

在中国，大量企业在与客户签订合同之前，并没有设置专业评审的环节，导致公司的决策不是专业评审导向。而华为对合同签订前的专业评审的要求十分严格，将其上升到流程的高度进行管控，充分尊重不同领域的专业性，这样才能在决策团队做决策时，从专业的角度说清利弊，为决策的科学性打好基础。

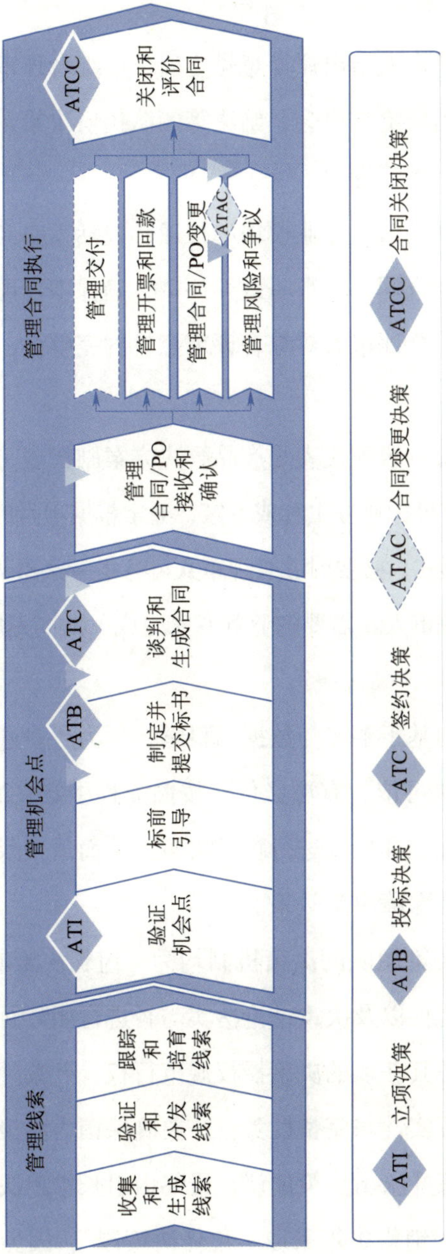

图 3-13 铁三角决策环节示意图

2. 拉通各领域进行综合评审

在各专业评审人给出评审意见之后，由综合评审责任人综合多方意见，平衡风险与机会，给决策团队提供决策建议，推荐优先选项，并给出推荐理由。

综合评审聚焦四个专业模块的拉通，包括策略到方案、方案到标书、标书到合同，进行一致性评审，确保项目可赢单、可交付、可盈利。综合评审人对综合评审意见的完整性、规范性和及时性负责。

综合评审人一般为代表处产品解决方案副代表、交付副代表/合同商务专家/投标业务主管或专家，通常根据项目的复杂度及特性来确定评审形式，必要时综合评审人可召集专家团队（由四个专业模块的专业评审人及需要的业务专家组成）共同完成综合评审。

3. 科学决策、高效决策

决策是一门基于事实与数据的科学，华为严格遵循合同决策流程，做到有法可依、有法必依，按照流程中定义的决策程序、角色、职责、标准和授权进行科学决策，从而最大限度地提高销售决策效率，并保障决策效果。

各级销售决策团队的决策机制均为“组长决策制”，组长对决策过程的规范性以及决策结论落实与否进行闭环管理。在决策时，组长需按照其获取的决策授权规范行权，严禁越权决策，并对决策信息的真实性与完整性负责。要确保销售决策团队关键成员参与相关决策并给出决策建议，最终由组长给出决策结论。部分公司最高层的销售决策采取“集体决策制”，因为提交到最高层的项目，都是金额大或者战略地位重要、投入资源多的重大项目，为了避免个人决策失误，所以采取“集体决策制”。它与“组长决策制”的区别在于最终的决策建议需要多数成员同意，而“组长决策制”最后的决策建议由组长给出，不需要多数成员同意（见图 3–14）。

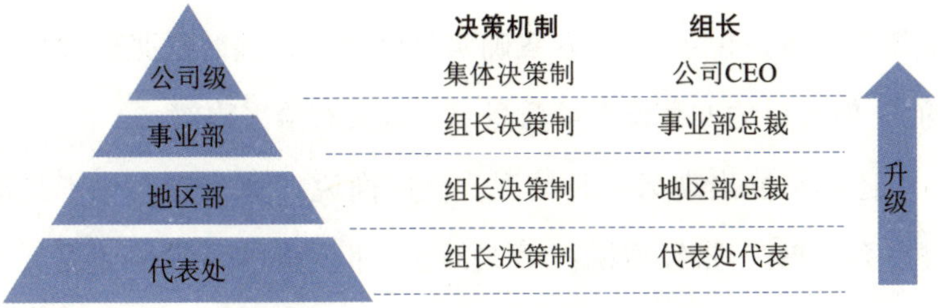

图 3–14　分层分级的销售决策体系示意图

由于各级销售决策团队的授权不同，必要时可升级到上一级决策团队进行决策，公司到了一定规模的时候，分层分级的销售决策体系就突显了必要性和合理性。

4. 风险管控：流程遵从、定期检查

华为正是通过流程化的方法，从充分授权、专业评审、综合评审、科学决策的把控等方面，对合同中的非标准条款进行管控，最大限度地降低合同自身的风险。但是，**合同签订并不意味着项目结束，而是项目正式开展的第一步。**

合同签订后的履约过程，运营商和设备供应商之间围绕着项目交付工作，需要继续进行大量的交流。长周期、高复杂度的网络部署，往往意味着设备供应商需要科学、系统、密切地监控合

同履行状态，以应对随时可能出现的风险和争议。

为什么要对合同履行进行监控？举个简单的例子。某供应商交付项目之后，客户的质量部门在进行验收时给出了不合格的结论。供应商质疑道："我们是严格按照你们给的方案交付的，怎么可能不合格呢？难道我们手中的方案和你们用的方案不一样？"

合同双方都觉得自己没问题，于是找到客户的技术部门。技术部门负责人说："对，方案确实是改过了，当时是张经理修改的。"但改过的方案没有给质量部，也没有给采购部。

还有可能出现另一种情况。供应商说："张经理，你不是改过方案了吗？"张经理说："我是改过，但是后来觉得不太妥又改回来了。"

由于在交付过程中没有对合同的履行状态进行实时监控，合同双方都没有切实证据，导致许多诸如此类的纠纷产生。更有甚者，供应商与客户为此反目成仇，对簿公堂，由双赢变双输。

为了避免类似情况的发生，华为通过规范化流程运作，在合同履行过程中实时监控履行状态，主动揭示和预警合同履行中存在的问题和风险，并对其进行跟踪管理直至完成闭环，以保障合同的契约化履行，提升合同履行质量，加速现金流入。

在风险管控方面，华为更是通过流程化的方法与组织保障，规范销售合同履行过程中的风险管理，加强对已识别合同履行风险的监控，从而使合同风险得到有效控制，减少风险带来的损失，保证合同收益。

"赢""盈"并重、风险可控，这是销售团队从粗放管理进入精细化管理的一个重要标志。当然，合同管控的目标也是“多产粮食”，而不是影响或阻碍粮食的生产，这是大前提。通过对合同质量的严格把关，类似在投标前未经审批就给客户报价的、未经最后决策就跟客户签合同的，以及相关条款未经专业评审和综合评审就报给客户的违规行为，在这样的流程体系前全都无处遁形。

盈利是公司的头等大事。在一定程度上，严格的风险控制环节或许增加了一线销售团队的工作量，也或多或少会降低一些决策效率，但能保证稳定的利润回报，防范相关风险，积小胜为大胜。

签订合同意味着项目的阶段性胜利，但同时也伴随着风险，企业在签订合同时一定要严格遵循相关流程（见图 3–15）。

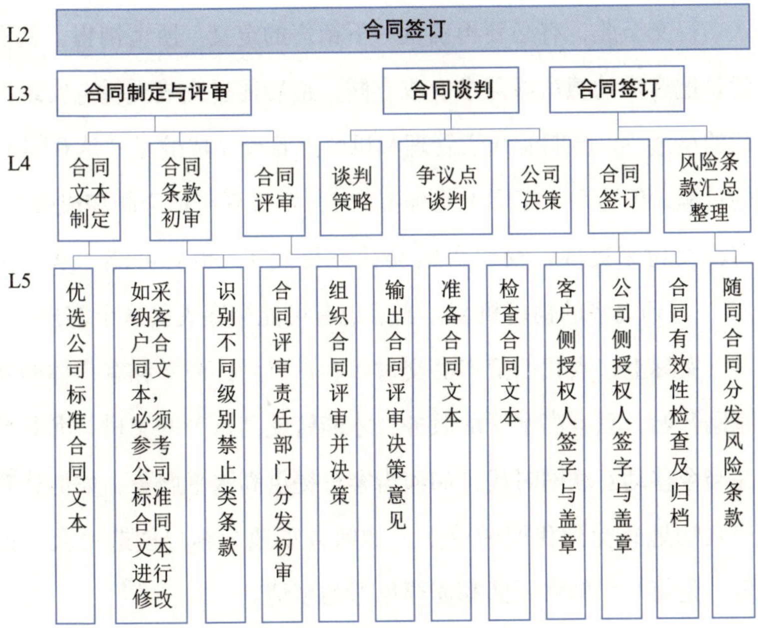

图 3–15　合同签订流程示例

成交并不意味着销售工作的结束

行文至此，有必要再确认一下销售的定义。所谓销售，其实就是把客户的想法或需求变成合同，最后通过完成交付、实现回款的全过程。前期的线索管理和机会点管理完成的是“从 0 到 1”的过程，但这个 1 实际上是虚拟的 1，要想真正把合同变成收入，需要交付来完成。交付可能会让你得到 1，也有可能“从 1 到 N”，得到更多的销售机会，当然也有可能彻底失去这个客户。

实际上，当我们把产品交付给客户以后，服务和客户体验才刚刚开始。只有高水平的服务，才能铸就高水平的交付。尤其是在当今移动互联网时代，如何为客户提供高水平服务，如何让客户真切地感受到我们的尊重，如何真正地为客户创造更大的价值，是每一个销售团队都需要思考的事情。

华为在初步打开全球市场之后，曾经面临一个严峻局面：我们在某些国家的市场中，只能进入一些运营商的常规区域，却始终无法进入它的核心区域，如英国的伦敦、巴西的圣保罗、俄罗斯的莫斯科、印度尼西亚的雅加达等。

另外，即便我们想方设法打进了某些重点区域，却总是因为项目延期而被客户投诉，无法迅速扩大阵地，取得更大的市场份额。这就好像两个人虽然结了婚，却总因为彼此没有认清角色，做好各自分内的事而无法产生深度融合和长期价值认同，无法过上好日子，最终要么分道扬镳，要么天天冷战。

为什么进入这些战略高地这么难？一方面是因为当时的华为确实技术水平和服务水平不够，客户担心网络风险，这也是公司所处的发展阶段决定的。另一方面则是因为，越重要的大项目以及核心网络，客户越看重长期的战略合作，不会轻易交予新的合作方，一旦它将核心区域给了你，便意味着彼此会深度依赖，这要求相互的信任度必须到达一定的高度。

“轻诺必寡信，多易必多难。”所谓信任，就是在每一件承诺过的小事上都做到言而有信，真真正正地以客户为中心。公司不仅关注今天的售前、交付和售后环节，还要扎扎实实做好未来的产品升级和长期服务工作。唯有如此，客户才会在建设 3G 网络时和你合作，升级为 4G 网络时还选择和你再续前缘，即便是面临着当下如此巨大的国际政治压力，客户在建设 5G 网络时，脑海中还是会第一个冒出华为的名字。成功的道路上没有任何捷径可走，必须做好交付过程中的每一件事情，决不能只是嘴上说说而已。

在华为的铁三角中，客户经理和方案经理并不仅仅在售前阶段参与工作，也会参与售后阶段，只是作用逐渐减少。交付经理在售前阶段就要介入项目的销售工作，一方面约束客户经理向客户做出的承诺，另一方面也要对客户的各种要求进行合理化处理，并且将项目推进过程中可能出现的各种问题的权责归属进行合理划分，控制服务的可交付性。

在合同签订之后，由客户经理牵头，组织销售团队关键成员和项目交付团队关键成员进行合同交底，将项目的相关信息和文档转移给交付项目组，并对合同进行解读，澄清解决方案与风险，确保销售团队和交付履行团队对合同和相关风险有一致的理解。交付项目组要根据项目级别，选择匹配项目成员，优先从代表处、地区部选择对等级别的项目经理、物流经理、采购经理、财务经理等人员加入（见图 3–16）。

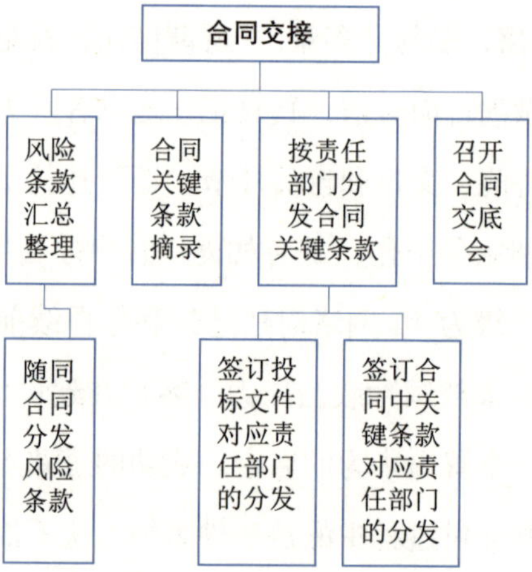

图 3–16　合同交接流程示例

当企业面对大客户、大项目、综合性项目，特别是一揽子解决方案项目时，随着客户的要求、项目复杂性、交付难度的急剧提高，交付经理在售前的作用越发突显，逐渐成为合同质量和可交付性的重要保障。

此外，为了确保交付的高水平完成和强化项目的管理能力，根据公司规模大小及相应的组织机构，必要时还需要建立从总部机关到地区部和代表处的三级 PMO（Project Management Office，项目管理办公室）组织（见图 3-17）。

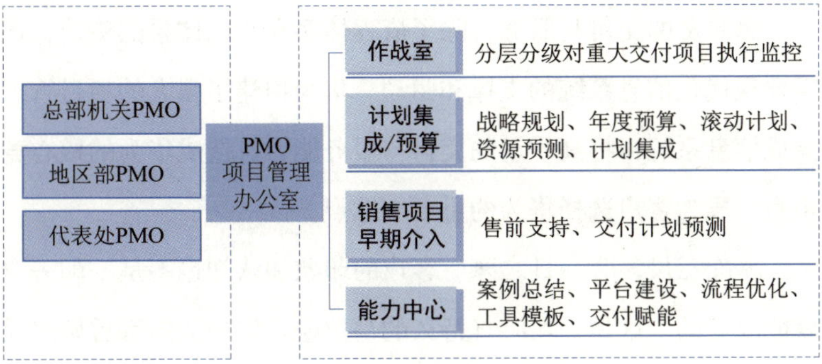

图 3-17 三级 PMO 组织示例

各层级项目经理由各层级 PMO 指派或任命，如果缺乏合适人选，则向上级 PMO 申请资源，PMO 和业务部门沟通协调，业务部门提供匹配的资源，从而组建项目组。如果代表处没有合适人选，则优先从地区部挑选。如果地区部也没有合适资源，可以向总部重装旅、战略预备队呼唤炮火支援。

对于全球的大国大客户项目，尤其是必须攻克的战略项目，往往需要呼唤区域和总部的炮火，形成精英交付团队。遇上那些超出代表处管辖权限的交付项目，比如跨越了几个国家或地区，那就成立跨区域交付团队，甚至可以产生各区域的分项目经理，以实现区域自主的跨区域协同作战。

在项目的具体实施和交接过程中，铁三角销售团队依然要与交付项目组一起工作。在项目落地执行的同时，团队需要针对这些配套设备或产品的使用方法和注意事项，为客户方的实操人员进行培训或者指导。此外，团队还有随时接受客户方的询问、答疑解惑的义务。

高质量的交付与服务，除了流程体系和组织体系的构建，还需要现代化信息系统的支撑和驱动，华为构建了强大的项目管理集成信息系统，将高质量的交付与服务能力打造成华为的核心竞争力，成为客户选择华为的重要支撑点。

冰冻三尺，非一日之寒。客户的印象和认知也不是一朝一夕就能改变的，这是一场旷日持久的马拉松。但华为的宗旨始终是以客户为中心，即使客户是块冰，也要将它焐化。

如何提升交付质量

经过多年来对企业的研究以及在服务实践中积累的经验，我发现很多大型企业都存在一个老问题：重销售，轻交付，合同执行难。这也是困扰国内大多数公司的一个难题。

很多公司的销售团队往往存在两个现象。第一个现象是，销售人员对合同标的过于看重，将更多的精力和时间花在了提升销售额上，却忽视了合同最终的执行难度和复杂度。这样一来，不仅客户的价值无法体现，甚至连合同本身能否落地都要打一个问号，属于典型的顾此失彼。

第二个现象存在于交付层面。很多公司在交付大型项目时，往往不能打破产品的区隔，只关注某个具体产品的交付而不顾整体项目交付的情况时有发生。在有些公司看来，通过 A+B+C 将多个产品凑在一起，就能构成整体的交付方案。其实不然，这种方案缺乏整体交付的专业服务能力，以及附加于产品之上的增值服务能力，或可称其为“伪交付”“伪执行”。

我在走访某客户公司时发现，在这家公司里，每个项目组内的交付人员都很努力，但满脑子想的只是如何管好自己的产品交付，压根儿不关注其他产品。于是我劝这些一线项目组的工程师尽量一专多能，多从端到端的角度关注整体的产品交付情况，但很多人跟我说“我不会做，做不了”，然后就开始推卸责任，抵触情绪十分严重。

举个具体的例子。这家公司全新推出的某产品有三个子产品，这三个子产品有着各自的研发人员，而他们在产品开发期间竟然从来没有一起开过会，甚至没人要求他们一起开会，平日里只顾闷头做各自的产品，最终交给客户的是一个极其粗糙的拼凑方案。

粗糙到什么程度呢？客户在收到产品之后很迷惑地问他们：“为什么你们的产品和其他厂商对接没问题，而在你们自己的设备之间对接不通？”公司老总十分痛心地跟我说：“范老师，让我感觉最不舒服的是，很多事情我要从客户的嘴里才知道，我们自己的人在拼命捂盖子。”

针对这种情况，我在参与客户的问题总结会时直截了当地指出：“你们的交付环节存在明显的惰怠情况。”

我话音刚落，会议现场便开始骚动，很多人对我的结论不太服气，质疑道：“范老师，你可能不太了解情况，我们在项目中都很认真，小伙伴们经常加班加点，小心翼翼地‘伺候’客户，你怎么能说我们惰怠呢？这个意见我们很难接受。”

他们的反应我早已料到，于是我问：“你们想想，现在的交付方案和5年前的交付方案相比，有没有本质上的提高？给客户带来的价值是否发生变化？”

这个问题让参会的大多数人有所醒悟。是呀，这几年公司发展突飞猛进，客户对我们的需求发生了巨大变化，又新增了很多大客户，但是我们的交付方案、方法和工具根本没有改变。

其实，如果不常思考“我们的产品和交付还能再改进吗”，不能践行“以客户为中心”的宗旨，不能为客户带来新价值，就是一种惰怠。华为公司大力提倡思想上的艰苦奋斗，意义正在于此。

合同的高效执行，首先需要拉通的不是产品，而是流程和组织。流程和组织是一体两面，相互关联、缺一不可。这就好比建筑工地打地基，要撒上一层土，夯实，再撒一层，再夯实，每一个环节都要扎实，不能出现任何问题。

如果要学习华为“让一线呼唤炮火”，就需要从前端向后端梳理流程和组织，最终以流程来驱动项目，才能长治久安，铁三角销售团队在一线才能真正落地，人员才能实现真正的转身。**转变要从思想上开始，思想通了，自然一通百通。**

既然要以流程驱动销售项目，那就需要对合同执行阶段的管理流程进行深入了解。在这一阶段，牵头的自然是铁三角中的交付经理，具体环节包括：管理交付可视（管理交付阶段流程单独建设）、管理开票和回款、管理合同/PO变更以及管理风险和争议等（见图 3–18）。

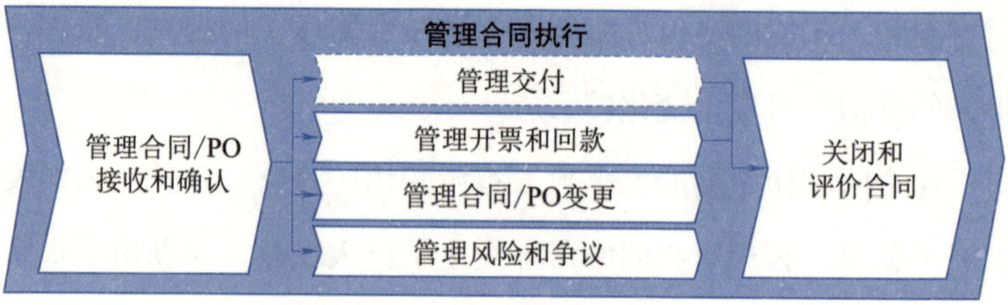

图 3–18　管理合同执行示意图

1. 管理合同 /PO（订单）的接收和确认

在合同签订后，合同或订单的信息传递和管理非常重要，必须明确具体的组织和角色对其进行管理。铁三角中的客户经理和方案经理，必须协同交付经理完成合同或订单的交接和确认，部分企业存在的售前与售后扯皮和信息传递的问题，根子就在这里。

在这一阶段，铁三角团队要通过召开合同交底会，对合同进行深入解读，全面了解方案交接、工作任务确认、交付注意事项、超标承诺和规避措施等方面的内容。既要将完整的交付信息分别传递到计划、采购、制造、物流、工程安装和服务部门，又要保障商务信息的保密性。针对一个合同中多批次订单的情况，需要接收和确认每一个订单及明细，并及时将其传递到后续的流程和系统中。

2. 管理交付

在合同或订单接收和确认之后，便要根据公司业务类别进行合同的交付管理。具体而言，包括对计划管理、订单管理、采购管理、生产管理、物流与仓储管理、服务交付等多个部分的衔接，以及客户需求的可视化要求。

针对一个合同有多批次订单的情况，在项目执行过程中，交付经理需要监控订单的接收过程及明细，并保障按照合同和订单完成情况交付工作。

3. 管理开票和回款

管理开票和回款，就是要对预付、发货、到货、初验、终验等各个交付节点进行管理，并将其与交付验收条款和付款条款相关联，从而达到客户的付款条件和交付验收条件的吻合。

交付必须触发开票流程，是这一管理环节的重中之重。同时，管理开票还需管理交付触发开票的内容和时间、开票自身的准确性和时间、客户接收发票并加以确认的时间，以及客户付款达成的准确性和时间。对绝大多数公司而言，这些环节之间的衔接都至关重要，尤其是那些进行规模性销售的产品和解决方案。

4. 管理合同 /PO 变更

客户的满意度归根结底来自合同约定的履行情况。按照契约及时交付是整个交付体系的核心要求，但在实际销售工作中，经常会出现大合同、框架合同以及特殊的客户需求和配置发生更改的情况。此时，铁三角销售团队必须与客户达成合同或者订单的修改协议，再按照协议进行契约交付。

针对合同的变更，首先应明晰变更事项，避免当期交付成本超标，对项目利润与后继项目产生不利影响。同时，还需审核变更原因，如初期配置失误材料需补发、产品停产需变更交付产品、客户自身原因变更等，确定相关责任方。

需要注意的是，合同或订单的修改，原则上必须由客户经理或者授权人完成，非合同签订授权人不得代表公司签署任何合同或者订单。

5. 管理风险和争议

在合同或订单的执行过程中，公司要对合同生成阶段识别出的风险进行系统化管理，与此同时，也要将在合同或订单履行阶段新出现的风险纳入风险管理清单，并按照风险管理流程进行风险评估、制订风险应对方案并监控预警，直至风险关闭。

前文说过，在交付过程中，经常会出现供应短缺、交付延期、发错货、产品更改或者客户提出的延期交付、修改数量、产品减少等意外情况，此时原则上必须遵照相应的更改流程执行。但在实际工作中，往往存在客户需求十分紧急的情况，没有足够的时间走完更改流程，此时允许以满足客户需求为由，执行后补手续，但必须做到风险的提前管控。

另外，对双方存在的争议，应该通过友好沟通的方式加以解决，并将其录入系统，依靠信息系统对所有产生的争议和风险进行有效管理，如争议处理流程和结果跟踪记录等，避免人为忘记或遗漏等情况发生。最好在事后进行有针对性的客户访问或满意度调查，确保争议得到及时、妥善的解决。

6. 关闭和评价合同

合同执行管理阶段的最后一环，是制定合同关闭流程，检查和确认合同的运营结果，并评价合同是否达成对客户的相关承诺。此环节的设置，有助于改进后续的客户服务，并促成新合同的签订。在这个环节中，要对合同或订单的盈利情况进行结算。

以上便是在合同执行阶段的六大管理流程。需要注意的是，在此阶段中，很多客户都会提出交付信息可视化的要求，毕竟在大多数人眼中，只有看见才能相信，这个要求无可厚非。因此，铁三角销售团队还应将交付计划、采购计划、生产计划、生产进度、发货进度、到货进度、安装进度、验收进度、验收结果以及交付风险、问题与解决等，通过项目管理系统和交付管理系统，进行信息和数据的全方位拉通，让每一个环节都能落地并可视，让客户“眼见为实”，最大限度地提升客户满意度（见图 3–19）。

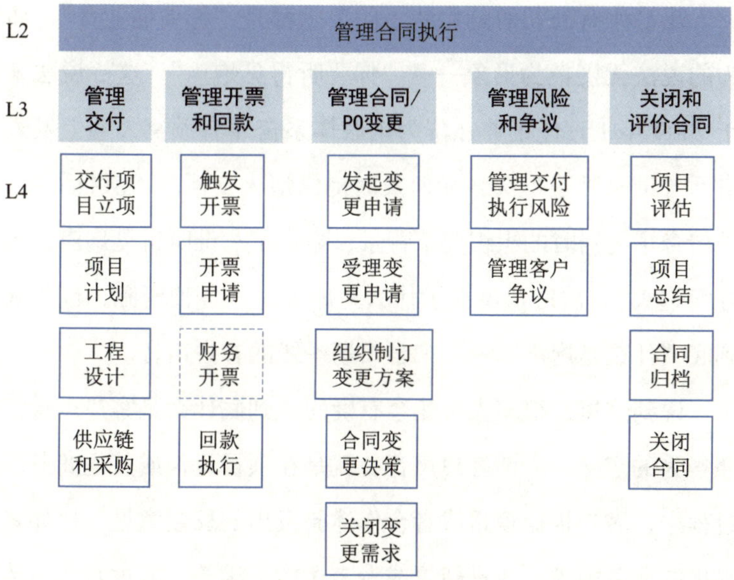

图 3–19　管理合同执行流程示例

客户满意度管理不是形式主义

几乎所有公司对销售队伍的要求都是“你要懂业务”，而华为的说法无疑最为形象——“你要听得见炮声”。这一说法来源于 2009 年 1 月任正非在华为销服体系奋斗者颁奖大会上发表的讲话《谁来呼唤炮火，如何及时提供炮火支援》。在讲话中，任总结合华为当时的组织变革背景，敲定了“谁听得见炮声，谁来呼唤炮火”。铁三角定义了什么是炮火——各种资源，也明确了到底“什么是炮声”——来自市场一线的客户声音。

说到这里，很多人可能会有疑问，到底什么是客户声音？按照华为的定义，所谓客户声音，就是在项目运作或其他商务活动过程中，客户根据项目或者合作体验发出的反馈意见，比如客户提出的业务需求、改进建议或者表达的不满等。通过对客户传递的信息、数据、情绪进行分析，铁三角销售团队可以清晰地看出客户对项目或者合作的满意程度，并做出进一步的评估和改进，从而更好地为客户提供符合其需求的产品与解决方案，为客户创造价值。

为此，华为建立了一整套完备的客户声音管理办法，简称为VOC（voice of customer，客户之声）管理法。从早期只是接受处理客户投诉，到引进第三方市场调研公司提供专业的VOC管理咨询和VOC运作平台，以及组建VOC团队，创建高效的VOC流程及操作指导书，打造业界高水平的VOC管理体系……毫不夸张地说，如果没有对VOC的重视及有效管理，就没有今天的华为。

华为早年推出过一个产品叫“C&C08交换机”。在20世纪90年代，固定电话刚刚普及，打电话还是一项比较奢侈的消费，特别是长途电话费用非常高。因此，华为在“08”交换机上开发了一个“201”公司卡，经常需要通过长途电话联系客户的业务人员可以使用这个卡，在普通电话（无长途通话功能）上呼叫长途，同时将长途费用计入这个“201”卡的账户上，可以实时扣款，实时充值。

一次，当华为在与某直辖市电信局交流的时候，客户提到他们面临一个业务发展痛点：他们的固定电话装机率在普通市民市场已经很高了，下一步拓展的客户群是全市各大高校，给学生宿舍装上电话，但是学生宿舍装电话面临一个问题，就是一个宿舍有5~6人，安装一部电话，大家共同使用，这个通话费用算谁的？如果学生不承担，学校肯定也承担不起几千个房间、上万人的电话费用这样一大笔开支。

华为的技术人员在了解到客户的这个困惑后，联想到C&C08机上具有的“201”卡这个功能，建议按照公司卡的设计思路，为学生开发出校园卡，就是每个学生买一张校园卡，通过在普通电话上输入卡号和密码，就可以直接打市内电话或长途电话。这个产品一经推出，立刻受到广大学生的热烈欢迎，同时也极大地提高了电信局的电话安装普及率。

随着这个产品的迅速火爆，很快问题又出现了，就是学生卡与公司卡有很大的不同，公司卡通话时间大多数分布在白天上班时间，而且比较均匀，而学生卡有一个很大的特征，就是学生白天上课，通话时间集中在午饭时间、晚饭时间以及晚上9—11点，在此期间会发生大量通话而产生极高的峰值，致使电话线路不够，大量的电话打不出去，用户大量投诉，公司原有的系统显然已经不能满足学生群体这个新场景的需求。针对这个特殊的业务场景，华为又做了产品优化和升级，通过智能网络调度线路，彻底解决了客户高峰时期通话拥塞的问题。

在以上案例中，华为通过广泛收集客户声音并对此进行有效分析，站在客户的角度，提出全新的解决方案，同时又根据客户对产品的使用情况及时更新优化，不仅解决了客户痛点，还通过新技术、新方案优化产品，增强了公司的竞争力。重要的是，华为铁三角团队提出的解决方案，比客户自己提的要求具有更强的可操作性，为客户创造了更大的价值。在此过程中，铁三角团队对收集到的客户之声做分析，让问题迎刃而解，提升了客户的满意度。

这就是华为 VOC 管理法的典型流程：从客户声音的获取到分发，再到处理，最终解决客户在声音中表达的情绪或者问题，形成完整的闭环，从而提升客户的感知。

1. 多渠道获取客户声音

最直接的客户声音，往往来源于铁三角与客户团队进行的直接沟通。此外，有些客户，尤其是项目交付完成之后的客户，在遇到问题的时候会选择通过电话、网络的方式，找到企业的客服进行反馈，这些渠道同样也是客户声音的重要来源。但是一家以客户为中心的企业，不能等待客户的反馈，而要主动去询问客户的意见和建议。在这种场景下，调查问卷显然是相对合理的选择。

华为便是通过多层次、全方位的渠道获取客户声音，如客户热线、网络、商务活动、调查问卷，以及 ITR 流程中的非技术问题，细分到公司的业务运作过程中，对应表 3–4 所示的多种业务场景。

表 3–4 VOC 业务场景示例

客户直接拨打热线
客户反馈到公司投诉邮箱 / 传真 / 网站
客户在日常与铁三角接触时的反馈
陪客户到公司参观
陪公司高层直接拜访客户

（续表）

关键客户定期访谈
陪客户参加对公司的认证与审计
定期与客户召开相关例会
技术人员直接拜访客户
会展上客户反馈的问题
一年一次的第三方满意度调查
高端峰会 / 用户大会 / 技术年会
内部质量审计发现的客户问题
第三方质量审计发现的问题
专项项目（如培训等）后的调查结果
获取客户在社会论坛上发表的意见
客户投诉到公司总裁 / 董事长 / 机关总裁的问题
客户投诉到地区部总裁 / 代表处代表的问题
……

在获取客户声音的过程中，以下两个问题需要引起铁三角团队足够的重视：

（1）决不能回避客户

为了避免在交付过程中被客户“挑毛病”，很多企业的销售团队总是极力避免与客户直接接触。实际上，这是一种舍本逐末的想法。因为项目的交付工作是以客户的满意为最高准则。即便在项目开展的过程中，客户没有提出过多意见干扰项目的正常进度，最后在交付阶段，如果客户发现问题，铁三角团队一样要为客户提供解决方案。退一万步讲，即使客户在项目过程中没有提出意见，一些潜在的问题也可能会被掩盖，但在客户使用的过程中如果出现问题，承担信誉风险的依然是企业自身。

因此，企业的销售团队不但不应该避开与客户的交流，反而还要促成一定数量的客户接触活动，比如高层峰会、企业考察、专题活动等。

（2）客户声音并不一定都来自客户

在很多人的固有认知中，总是习惯性地以为客户的声音肯定来自客户自身，其实不然。只要能够反映客户的行为和倾向，客户声音可以有不同的来源，可以来自客户的输入和反馈，也可以来自业务运营中的交易记录，或者来自员工的输入记录。要知道，数据来源的多样性有助于获取和利用更具价值和可行性的客户声音。

2. 客户声音的分发与处理

对于通过各种渠道收集上来的碎片化的客户声音数据，企业需要通过一套统一的客户声音信息分类分析架构来规范处理，从而建立起对客户声音的理解和认知，对问题进行诊断和根源性分析，然后推动组织内部的产品、解决方案、服务的持续改进。

在具体解决客户问题的过程中，企业应该以客户满意度作为衡量客户声音处理结果的最高标准。俗话说，“客户是上帝”，虽然有些时候客户的声音不一定有理有据，但在合理的范围内，企业有责任、有义务为顾客提供高质量的消费体验。同样的道理，当问题出现的时候，无论问题的责任方是企业还是客户自身，我们首先要做的都是帮助客户解决问题，因为只有这样企业才能与客户建立可持续的良好关系，才能为企业赢得一个长期的合作伙伴。

所以，在客户声音分发到铁三角团队之后，应由客户经理负责处理客户声音，负责解决客户问题，而对应技术或产品问题的客户声音，需由方案经理或交付经理协助处理。比如，对于一些反映产品质量问题的客户声音，可以传达给方案经理和售后服务部门；而对于一些工程方面的疑问，则需传达给具体项目的交付经理。

在这个环节中，同样有两个问题需要特别关注：

（1）还原客户真实的声音

因为企业面向的客户类型多种多样，客户的个人素质也参差不齐，并不是所有的客户都会根据实际问题发出有效的声音。因此，在实际的工作当中，铁三角团队也要具备还原客户真实声音的能力。

举个例子，华为曾经收集到的一个客户声音是："话机听筒的电缆长度最好能够超过 10 米。"当然，这个客户声音并不难处理，很多企业在收集到此类信息之后也会一一照做，但华为显然不在此列。

华为的铁三角团队在知悉这个客户声音之后的第一反应是：客户的真正意图是什么？客户经理在与对方反复沟通之后发现，原来客户是想要拿着电话在房间的任何一个地方通话，这才是客户的真实声音。于是他立刻将这一信息反馈给上级部门，很快华为便推出了无绳电话，完美解决了客户需求，甚至超出客户预期。

请记住，**不是客户说什么，我们就要做什么**。铁三角团队要学会找到客户声音的根源，通过分析提出更有针对性的解决方案，这才是我们面对客户声音的应有态度。

（2）重视高层客户声音的分析和处理

在讲解这一要点之前，需要先介绍一个客户管理术语：问题乘数。问题乘数是指同样的问题可能代表了多少客户。换句话说，就是会有多少客户可能遭遇到同样的问题。比如在第一次使用在线支付遇到问题时，有多少人会重复尝试直至成功，有多少人会打电话求助客服，有多少人会求助朋友圈，有多少人会直接放弃，等等。

举个例子来说明问题乘数的重要性。客户在一个运营商的营业厅遇到不愉快的服务时，80% 的人不会投诉，20% 的人会投诉，投诉的分布可能如表 3–5 所示：

表 3–5　客户投诉分布情况

序号	反馈方式及信息接收人	所占比例
1	直接找现场服务人员	4%
2	找到现场主管	0.4%
3	**给公司高层写信**	**0.1%**
4	在公司公众号反映	1%
5	打电话给客服中心	5%
6	在公司网站留言	0.5%
7	在社交网络发布	4%
8	以其他方式表达	5%
	合计	20%

在表 3-5 中，我特意将第三种投诉信息所占比例——高层收到投诉信函的问题乘数加粗处理，1∶1000，这意味着高层管理者每收到一个这样的投诉，就有可能发生了 1000 起类似的问题，这就是所谓的“高层客户声音”。

公司高层接收到客户投诉，说明类似的问题已经是广泛存在的严重问题，企业应当高度重视并密切关注和提升其优先处理级别，高质量地快速处理。如果是客户高层直接向公司高层投诉或表达客户诉求，这个比例将更小，重要性将更高，更能体现客户痛点和需求。华为甚至曾为此开启专项整风运动，充分发挥客户声音带来的价值。

2010 年 8 月 5 日，一封来自马来西亚电信 CEO、主题为来“TM（马来电信，以下简称马电）华为在马电国家宽带项目中一些问题的关注”的电子邮件发给了华为董事长孙亚芳，并抄送给了华为相关的各级管理人员。

这是一封酝酿已久的正式投诉信，礼貌的用词下面透露出的是失望与愤怒，抱怨了华为在合同履约符合度和交付问题、项目管理方式、优秀专家资源等三个方面存在的严重问题。

截至 8 月 10 日，也就是客户投诉信发出 5 天后，没有一个能代表华为的人出来推动问题的解决，因为各级管理人员关注的焦点并不是如何解决问题，而是如何回复邮件推脱责任，直到董事长从国外回来得知此事后强力介入，协同各方资源，客户抱怨的问题才得到妥善的解决。

在积极采取行动解决问题的同时，自2010年8月中旬起，华为从高层到一线基层作战单元开始对马电项目进行一系列的反思与讨论，从自身找问题，从思想和流程制度上找问题，以杜绝类似问题的再次发生。

在多年的咨询实践中，我见过很多企业对此类事件的处理方式：有的直接撤换了事件的当事人；有的并不认为自己公司有问题，还一味袒护当事人，宁愿为此得罪一家客户，丢掉一片市场；还有的干脆按着问题不解决，捂着盖子什么都不做。

华为的做法可谓实现了史诗般的效果。项目组经过一年的“炼狱”后，一些新组织、新思路、新工具、新方法应运而生并落实推广，地区部、代表处和马电项目组同时培养和输送了一批批干部和专家，积累下来的经验也随之被分享到全球。后来再提起马电事件，整个公司的人都很感慨：华为毫无保留地将自己的不足之处公之于众，让世人深刻理解了什么才是真正的“以客户为中心”。

3. 形成闭环，提升客户感知

VOC管理法的最后一项工作，就是在客户声音的获取、分发以及处理的基础上，通过阶段性的管理措施，形成客户声音的闭环，实现提升客户感知的目的。就某些特定的问题而言，铁三角团队需要通过与客户沟通，找到问题的解决方式并输出给客户，从而形成客户声音管理的闭环。

从客户声音管理形成闭环的流程当中不难看出，闭环能否最终形成，关键在于客户提出的问题是否得到了有效的解决。这就要求企业在客户声音的管理上“找对人，做对事”。

（1）找对人

所谓找对人，其实就是找到合适的客户满意度负责人，也就是铁三角团队中的客户经理。在大多数情况下，客户在对企业发声的同时，或多或少会带有某种情绪。客户情绪如果得不到有效宣泄，解决问题的效率自然十分低下。因此，处理客户声音的第一步，就是客户满意度责任人要安抚客户的情绪，然后再一步步探知客户的主要问题。

在我接触的大多数企业当中，由于各司其职的岗位设置，经常会出现解决问题能力与客户沟通能力的分离。也就是说，拥有专业知识、可以帮助客户解决问题的部门员工，在客户沟通上存在短板，这种现象在技术部门尤其常见；而能够高效与客户沟通的客服人员，却缺乏解决专业问题的能力。

对企业来说，一个合格的客户满意度负责人应该兼具解决问题的能力和客户沟通能力，前者作为关系到客户声音管理闭环效果的主要因素，在选择人选的时候应该重点考虑。最简单的方法就是，在每一个部门都设置一个客户满意度负责人，这样无论客户的问题出现在哪些领域，在客户满意度负责人以及所在团队的帮助下，通常都能得到解决。而对于客户沟通能力，企业可以在每个部门团队当中选择相对年长、有经验、有耐心的员工来出任客户满意度负责人，必要的时候，还可以通过培训提升他们的客户沟通能力。

从这个层面分析，华为铁三角销售法的优势便脱颖而出，由客户经理主要负责与客户的沟通与协调，方案经理和交付经理加以专业知识方面的辅助，三者彼此支撑，荣辱与共，形成聚焦客户需求的共同作战单元。

（2）做对事

在找到合适的客户满意度负责人之后，企业还要确保在处理客户声音的过程中做正确的事：第一是建立标准，第二是高效解决。所谓标准，其实就是指客户声音处理的标准化。企业可以通过对客户反馈的持续统计，从中发现一些普遍性的问题，然后制订相应的标准处理方案。这样当客户满意度负责人遇到类似问题的时候，就可以直接输出给客户具体的方法，从而提高客户声音闭环的效率。

当然，在遇到一些普遍问题之外的特殊问题的时候，客户满意度负责人同样要想方设法地高效解决客户的疑问。

对企业而言，**客户声音就是闪闪发亮的黄金**，如果没有对客户声音的收集和获取，没有对客户声音的有效还原和处理，企业的产品开发就是空中楼阁。反之，如果企业足够敏锐，能够发现客户正在渴望什么，恰巧也知道如何以最合适的成本打造他们期望的产品或解决方案，还有什么能够阻碍企业的成功？这或许就是华为发展至今的又一秘诀。

大家先思考一个问题：“到底什么样的交付称得上是令客户满意的交付？”我跟大家分享一件我遇到过的事。

两年前，我出差回到家里后发现我的一件衬衫忘在了酒店房间，于是我打电话给酒店前台，前台很快确认并答应给我寄到家里。三天后，我收到了酒店给我邮寄过来的衬衫：已经洗干净并且烫平，折叠得如新买的衬衫一样。这完全超出了我的预期！从此我就成了这家酒店的忠实客户。

在数学上，100–1=99，而在企业经营领域，100–1 却可能等于 0。从手中溜走 1% 的不合格，到用户手中就是 100% 的不合格。尤其在商品流通领域，客户只要对公司交付的任何一种产品或服务不满意，他们的满意度不会因此按减法递减，而是全面否定整个公司的信誉和服务水平，客户也不可能再去购买公司交付的其他产品。

在一个普通客户看来，他所购买的某公司的某一产品的品质，就代表了这家公司所有产品的品质。在市场竞争激烈的条件下，如果交付结果令客户不满意，他们是不可能当“回头客”的。当他们再要购买这个品种的产品时，就会选择其他供应商的产品和服务。甚至，当他们产生购买其他产品的需求时，也不会考虑购买原供应商的产品。对原产品供应商而言，今后对这个客户的销售收益可能将永远是零。

2015 年 5 月，华为荣耀有一批手机在运输途中发生了罕见的货柜车轮胎起火事件，导致此批手机受到高温影响。虽经检测 96% 以上的手机外观良好、功能满足出货标准，但荣耀仍决定全部销毁这批价值 2200 万元的手机，只为避免这批手机在使用 1 至 2 年后可能出现的质量问题（概率为 4%）。

关于客户满意度，《华为基本法》中有着明确的规定："我们要以服务来定队伍建设的宗旨，以顾客满意度作为衡量一切工作的准绳。若在服务过程中不去推动客户解决维护中的隐患，以种种理由辩解，不管原因在客户还是我们自己，其结果就是增加了客户对我司产品和服务的不信任，降低了客户满意度。"

先来看看面对问题时我们经常见到的一些借口：由于客户清关延迟，因此工程迟迟没有开工；由于客户电源中断，造成设备断电、业务中断；由于市场合同配置错误，造成缺货，导致工程窝工。

上述理由看似冠冕堂皇：这些问题的产生，完全是由于客户自己的原因，和我毫无关系。但是细想一下，真的无关吗？你完全可以把交付工作做得更好一些，避免类似问题的产生。

我们对这几个问题做个分析：对于客户准备不足（如清关、传输、站点准备）的问题，你作为客户的合作伙伴，是不是应该想办法帮助他们解决，或者提前去推动他们解决，而不应一味地等待，耽误进度？

2008 年，华为与中东某国 S 运营商签订合同，合同条款最初约定在首都 L 市交货，客户自己负责清关。随着项目的开展，华为发现每次货物到达 L 市后，客户完成清关要 45 天左右，严重影响了工程交付进度，虽然这是客户自己的责任，但华为负责物流的员工并没有等闲视之，而是积极想办法帮助客户解决问题。经过大量的市场调研和清关信息摸底，发现该国在沿海有一个海港城市J市，该城市海关清关流程简便，工作效率高，并且交通方便，一般10天左右就可以完成清关，再加上内陆物流运输时间2~3天，整体上可以做到从口岸到站点用时15天以内，比起原来的物流时间差不多可以节省一个月，于是建议客户把交货地点改到J市，从而加快了项目交付节奏，减少了客户网络投放市场的时间。客户对这个结果非常满意，并对华为员工的工作主动性大加赞赏，进一步巩固了与华为建立长期战略合作的信心。（信息来源：前华为员工访谈）

同样地，对于设备故障类问题，是不是可以做好主动服务，通过巡检、网络优化等发现和排除设备隐患，给出维护建议和优化建议并落实，避免设备故障发生？

对于合同配置类问题，你的部门作为下游实施部门，是不是应该主动提前协助客户对配置和货物进行认真检查分析，看其是否正确无误，而不是等到开工后要安装时才发现少货情况？帮助他人纠正错误，其实也帮了自己。

如果你能深刻地理解和秉承以上交付理念，并将之付诸对客户的点滴服务之中，相信没有哪一个客户会拒绝购买你的产品。因为客户买到的不再只是产品，而是全套解决方案，是一种真诚到永远的友谊和联盟。合同交付没有任何借口，企业终将以客户的满意度赢得市场。

华为的工作宗旨是“以客户为中心”，这不是简简单单的一句口号，而是落实在每个业务流程中，落实到每个业务指标中。任正非曾在不同场合多次表态：“客户的成功才是华为的成功。”公司将客户满意度指标作为公司一级考核指标，然后按照研发、销服、供应链等维度逐层分解考核指标，分解到地区部、大T系统部、一线代表处和办事处，实现对客户满意度的达成。同时，每年都会从客户视角，分层级开展客户满意度调查和评估，用以检验一线铁三角是否真正倾听了客户声音、满足了客户需求。第三方客户满意度调查一年一次，业务满意度评估一季度一次，此外，每个项目结束后的客户满意度调查也是必不可少的。

华为的客户和合作伙伴的满意度评估也是分层分级开展的，除了请第三方公司做全球调查，还有自己评估的业务满意度，即自己业务团队的评估。

基于每个项目、每个合同关闭阶段的满意度的评估，以及基于出现的问题、投诉等一些事件的调查，共同构成了客户与合作伙伴满意度的管理体系。

既然客户满意度如此重要，那么企业应当如何提升客户满意度？顾客满意与否，实际上取决于顾客接受产品或服务的感知，以及顾客与之前的期望相比较后的体验。用一个数学公式或许能够让你获得更加直观的感受：

客户满意度 = 客户感知 − 客户期望

具体而言，要想提升顾客满意度，需要考虑三个重要因素：顾客对产品的期望、产品的实际表现和产品表现与顾客期望的差距。因此，客户期望管理和客户感知管理，也是客户满意度管理的重要内容（见图 3-20）。

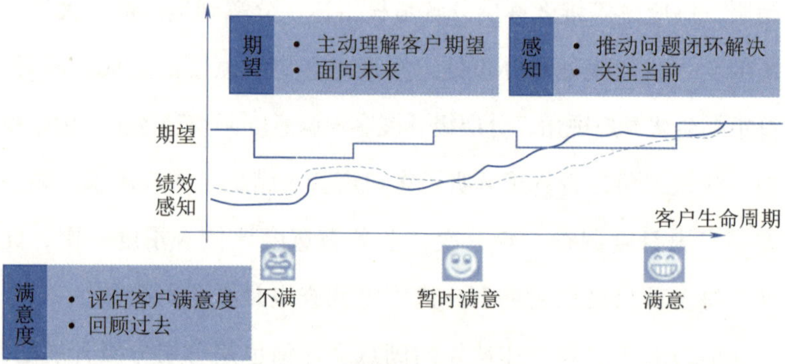

图 3-20 客户满意度示意图

1. 客户期望管理：正确理解客户期望 + 引导客户期望

首先，我们需要充分理解客户的需求及痛点，正确理解客户期望，同时要引导和管理好客户期望。在现实的销售工作中，经常存在客户期望过高的情况。如果要实现客户过高的期望，双方都需要耗费过多的资源，这对企业及客户都是一个巨大的挑战，甚至是毫无价值的浪费。

因此，销售团队应当对客户的期望做正确的引导，基于客户的真实需求和双方的目标，做合理的提升或降低客户期望的引导，既能让客户取得竞争优势，保障其业务健康运营和稳健增长，又不至于使双方耗费过多的资源。

2. 客户感知管理：把事做好 + 及时有效的客户沟通

在销售工作中，不少销售人员经常产生如下困惑："交付的KPI达到了合同要求，为什么客户还会投诉？""问题明明源于友商的设备，为何客户将不满的矛头指向我们？""为什么平时感觉中基层客户都挺满意的，但公司领导却总会收到高层投诉？"

其实，这些问题的产生，都是源于销售团队的客户感知管理没有做到位。销售团队除了要交付产品与服务，还必须及时做好与客户的有效沟通。换句话说，销售团队不能只是"埋头苦干"，还要学会"抬头沟通"。虽然有时客户感知可能会高于实际绩效（当然也有可能低于绩效），但绩效始终是感知的基础，仅仅靠"忽悠"是不能提升客户感知和满意度的。

在快速响应客户需求，解决客户产品或技术、工程、服务等实际问题的同时，我们在问题处理之前、之中、之后都要及时完成相应沟通。另外，在沟通的过程中，客户可能出现焦虑、抱怨、不满、愤怒等情绪，销售人员一定要充分理解，保持冷静友好的沟通态度。只有这样，才能抚平客户的情绪，解决客户的实际问题。

第 4 章

铁三角销售团队的激励和管理

打铁还需自身硬，找对人远比改变人重要

好的销售模式可以帮助一家公司走向成功，这一点毋庸置疑。然而，销售模式绝非一抓就灵，华为铁三角销售法的成功可以复制，但绝不能简单复制，不能说给一线销售团队凑够客户经理、方案经理和交付经理三种角色就万事大吉。

众所周知，全世界最好看的篮球比赛非 NBA（美职篮）莫属，别人想要学习 NBA 球员的打球方法或技巧可行吗？这个当然可以。可是，当别的球员学会这些方法和技巧之后，却很难打出 NBA 球员的水平，原因何在？这是因为球员的能力之间存在着明星的差距。也就是说，有了方法之后，还需要系统地提升整个团队的人员素质和能力。

在华为的铁三角组织中，每一个角色都具备不同的能力，这

些能力是靠实践和训练慢慢获得的。当然，**找对人比改变人更重要，**最好的方法莫过于直接找到销售、方案和交付对应的优秀或相对优秀的人。**要知道，销售、方案和交付人员的特质是可以识别的，应当且有必要尽早识别。**只有挑选相应优秀的人员，按照方法和任职要求，科学地对他们进行专门训练，才能组成像华为铁三角这样的队伍。只有这样，为客户创造价值的理论和方法才有可能真正落到实处。

华为铁三角的各个角色，其实有着明确的任职标准，对个人能力的提升要求有章可循。只有具备了相应的能力，才能够担负起铁三角中某一角色的重任。下面将围绕铁三角的三个角色，从选人的素质模型开始，到任职能力的细分标准，再到专业等级的上升通道，进行详细阐述。其他公司在搭建属于自己的铁三角销售团队时，可以按图索骥，不至走上弯路。

1. 什么样的人适合做销售工作？

建立素质模型的目的是让销售团队的人力资源管理更趋科学化和理性化，进而能够复制。言及此处，需要提醒大家一句，东西方人之间有着巨大的文化差异，东方人比较注重人际和谐，而西方人则更注重个人的主体性。华为有一整套适合自己的销售类人员素质模型，包含成就导向、人际理解、适应能力、主动精神和服务意识等诸多方面。

（1）成就导向

简而言之，成就导向的人追求做事的成就感，拥有较强的冒险精神，愿意迎接困难的挑战，希望自己的表现超过他人，有强烈的表现欲。这种人做任何事都会力争达到优异的标准，不断追求进步，关注结果和效率，注重代价和奖赏，十分适合担任销售类岗位。需要注意的是，**争强好胜绝不能简单等同于成就导向，争强好胜有时只是自负的代名词，而过度自负的销售人员往往会影响和客户之间的关系。**

成就导向可分为四个层次，具体如下：

- 层次 1：安于现状，不追求个人专业技能的进步。
- 层次 2：努力完成现有工作，或达到某个标准要求。
- 层次 3：想方设法提高工作效率，为自己设立挑战性的目标。
- 层次 4：有前瞻性，眼光长远，敢于担责，主动进攻，为了获得成功敢于冒险。

（2）人际理解

人际理解指的是个人愿意了解他人，并能够准确地掌握他人的特点，正确理解他人没有明确表达出来的想法、情感和顾虑。这种能力也被称为“同理心”或“人际敏感性”。在客户经理这一角色中，人际理解是客户关系建立的基础。

人际理解可分为四个层次，具体如下：

- 层次 1：对别人的思想、情感和行为表现不敏感，没有感同身受的认识。

- 层次 2：能够理解他人的感受和想法。
- 层次 3：能够准确把握他人的特点，包括态度、兴趣、需要、观点和行为方式，并能够给出恰当的回应，得到他人的欣赏和认同。
- 层次 4：能够深刻洞悉他人思想和行为背后的原因，并准确采取相应的行动，与他人达成可靠的信赖关系。

（3）适应能力

适应能力指的是个人有效地适应各种环境变化的能力。客户在变，技术在变，需求在变，社会在变，企业和员工必须快速适应和应对这些变化。

适应能力可分为四个层次，具体如下：

- 层次 1：不能快速适应和应对环境的变化。
- 层次 2：能够适应不同的环境变化并采取相应的行动。
- 层次 3：能够及时发现环境的新变化，并能快速应对，加强学习，提升能力。
- 层次 4：具备敏锐洞察能力，做好前瞻性的预防，主动应变。

（4）主动精神

主动精神是指个人在工作中不惜投入较多的精力，提前预测到事件发生的可能性，并有计划地采取行动，提高工作绩效，避免问题的发生或创造新的机会点。这种品质也被称为内驱力、策略性的未来导向和前瞻性等。

主动精神可分为四个层次，具体如下：

- 层次 1：工作不主动，需要他人督促才能完成任务，不能提前计划或思考问题，直到问题发生后才能意识到事情的严重性。
- 层次 2：能够主动完成工作，自觉地投入更多的努力和精力，并自发地学习和思考。
- 层次 3：主动思考，总是比他人先发现机会或问题，并快速做出行动，能达到超出他人预期的效果。
- 层次 4：主动成为内在驱动力，不仅个人主动积极，还能影响周边人群，以便创造更多的机会或避免问题的产生。

（5）服务意识

服务意识指的是销售人员具有帮助和服务客户、满足客户需求的愿望。具有服务意识的销售人员会比较关注客户对服务的满意度，集中精力发现客户需求并给予满足。

服务意识可分为四个层次，具体如下：

- 层次 1：服务意识差，缺乏主动满足客户需求的愿望和态度。
- 层次 2：对客户的问题、要求和不满，能够感同身受，快速做出反应。

- 层次 3：能站在客户的角度思考问题，对客户的服务请求做出超出客户期望的行动。
- 层次 4：能主动了解客户的潜在需求，发现客户的潜在问题，主动为客户提出解决方案并为客户的利益提供建议，不仅让客户满意，而且使客户从内心出发愿意成为长期合作伙伴。

2. 组建铁三角时如何避免大材小用或小才大用？

上述只是销售人员的基本素质模型，要想成为一个合格的销售人员，还必须掌握相关的专业知识和具备相关的能力，而要成为这个领域的专家，则必须要有相应的专业贡献。通过专业知识、关键能力和专业贡献这三个方面的评估，可以把铁三角人员进行分层分级管理，这就是华为的任职资格管理体系（见图 4–1、4–2、4–3）。

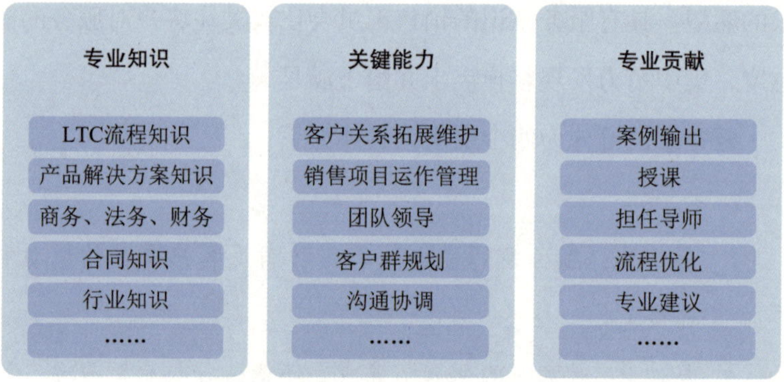

图 4–1　客户经理任职标准要求示例

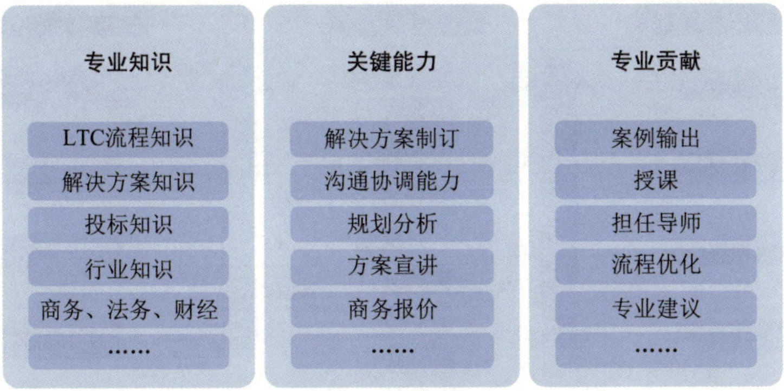

图 4-2　方案经理任职标准要求示例

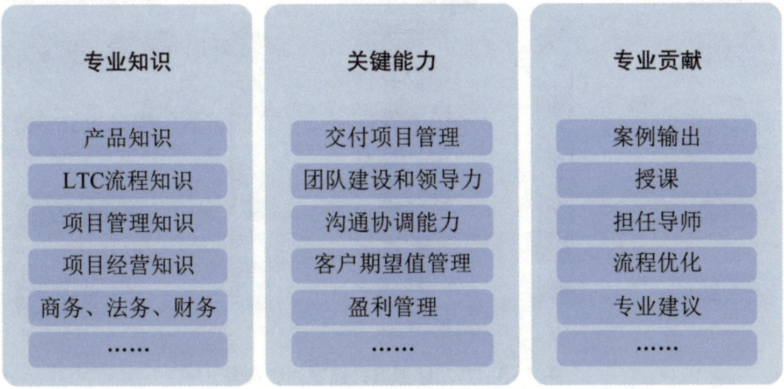

图 4-3　交付经理任职标准要求示例

当一名客户经理在明确了任职标准之后，经过个人申请或由公司组织从三级到六级的任职资格评估，逐级往上晋升（见图 4–4）。

同样，华为的方案经理和交付经理以及其他相应的岗位体系，都有与客户经理类似的任职资格标准和认证体系（见图 4–5、4–6）。

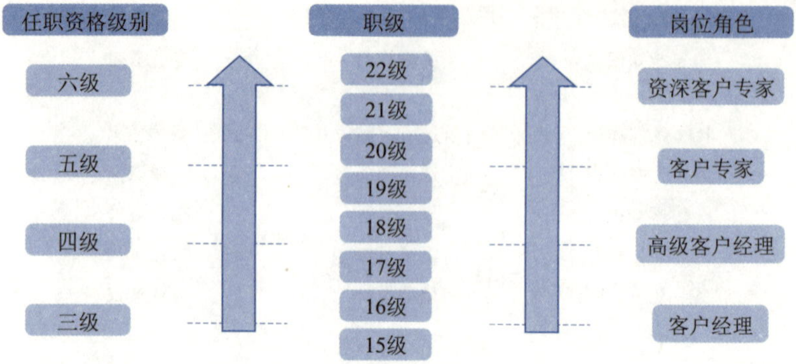

图 4-4　客户经理晋升通道对比参考

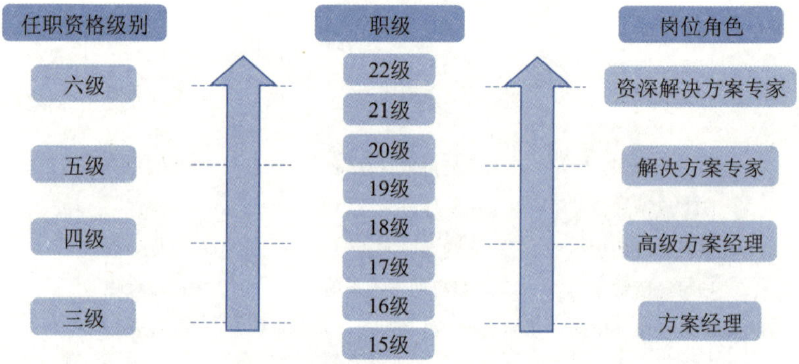

图 4-5　方案经理晋升通道对比参考

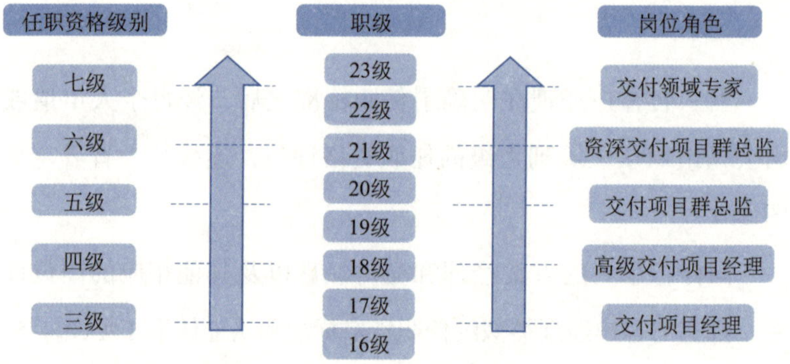

图 4-6　交付项目经理晋升通道对比参考

在组建铁三角团队时，每个项目经理都想找最能干的人，但公司资源毕竟有限。在项目立项、组建团队时，要根据项目的不同等级、类型，适配不同级别的铁三角人员，比如对于公司级的重大项目，可能会要求铁三角的核心人员职级都在20级以上，而一般的项目可能15级就够了，避免组建团队时大材小用或小才大用。华为的任职资格体系管理也为组建团队提供了一套比较科学的标准和方法，而不是完全靠主管的经验和感觉甚至个人关系来判断。

3. 如何构建铁三角组织才有效？

铁三角销售团队的组织建设，与企业的整体发展阶段也有着极为密切的关系，在不同的发展阶段，铁三角销售团队的组织形态也会有所不同（见图4–7）。

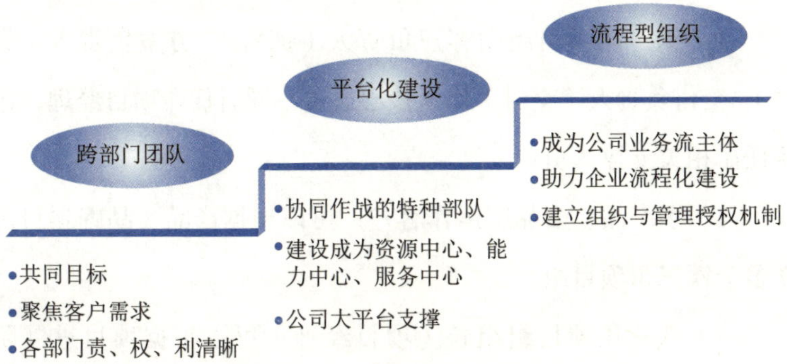

图4–7　铁三角组织发展的三个阶段

当企业只是一个拥有众多部门的跨部门团队时，铁三角中的每个角色都有着一个共同的目标，即为客户创造价值，各方力量聚焦客户需求，不断提升客户满意度，各部门责、权、利清晰。

当企业发展到平台化建设阶段时，铁三角团队依然有着共同的目标，但随着能力的提升，铁三角已经发展成为一支“专业组织”，战斗力也越来越强。而且，在企业大平台的支撑下，铁三角的平台化建设也越来越完善，逐渐成为区域资源中心、能力中心和服务中心。

当企业发展成为一个流程型组织的时候，作为 LTC 流程的运作主体，铁三角已经运转得十分成熟，并可以助力企业 LTC 业务流程优化。与此同时，在以客户为中心的指导思想下，铁三角建立了推拉结合、以拉为主的流程化组织运作体系，并建立起一整套行之有效的组织运作机制与决策授权机制。

关于铁三角的组织建设，可以根据市场线索及机会点多少，沿着 LTC 流程，按照以下原则进行组织设计。

（1）铁三角项目组由客户负责人（销售）、方案负责人（方案）、交付负责人（交付）作为核心成员，同时任命项目经理，还要任命相关支撑人员。

（2）多产品、多品牌运作客户，可以根据产品、品牌项目建立多个铁三角项目组。

（3）铁三角项目组组长（项目经理）可以根据项目进展阶段、项目的性质、人员能力情况确定，可以分阶段任命。

（4）每个铁三角项目组的上级设置项目经营小组长，对口支持铁三角项目组的工作与问题解决。

铁三角的运作如图 4–8 所示。

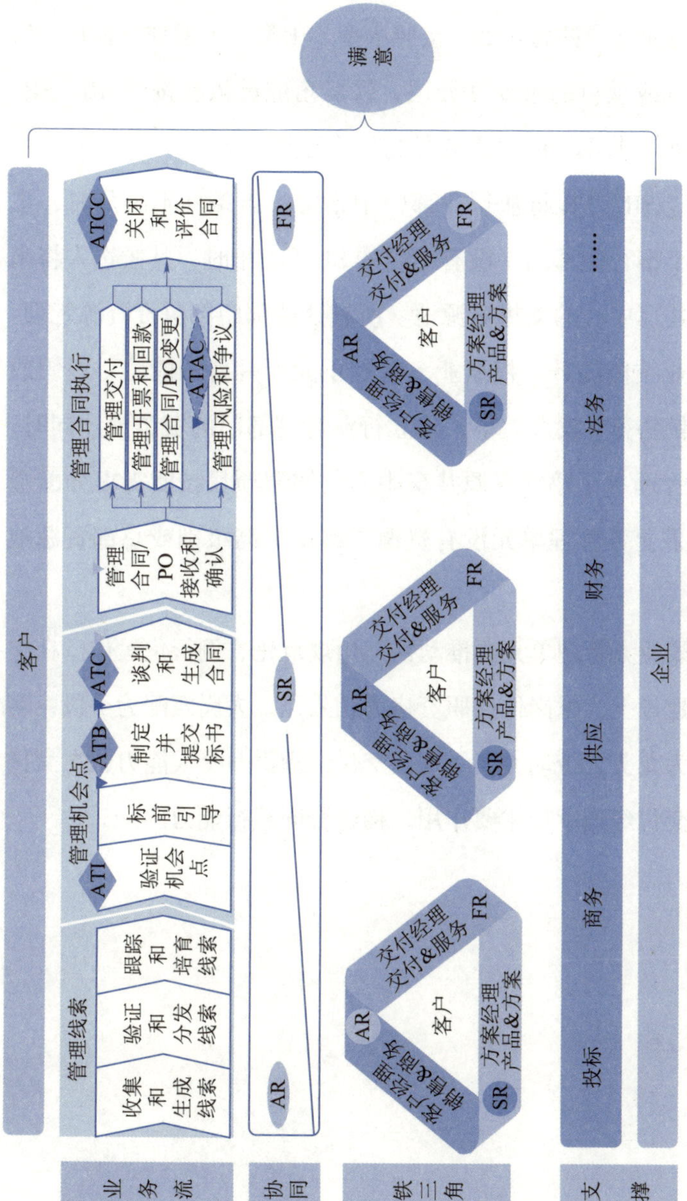

图 4-8 铁三角运作示意图

铁三角的组织形态建设，由业务管理单元如代表处负责提出，以行业客户群为基础，按照小型、中型、大型划分客户，按照机会点或项目的重要性分层，铁三角成员依次按照 AR、SR、FR“专职 + 共享”的模式进行配置（见图 4–9）。

AR、SR、FR 将从行业部门中指定，当条件不满足时，也就是中小型行业部门中没有专门的 SR 和 FR 时，其候选人将来自资源共享中心的支撑资源池。所有这些部门都负责资源管理，包括专业技能提升。根据业务管理单元所具备的能力、组织成熟度和销售额 / 收入大小，建立行业管理部门的资源池。同时，在业务管理单元建立资源共享中心，按照项目技能需求分配资源。如果业务管理单元没有资源，将从更高级别或总部资源池调配。

一线业务管理单元要推动铁三角规范化、例行化运作。在岗位能力建设上，以岗位任职资格为切入点，人岗匹配为手段，客户经理为龙头，带动方案经理及交付经理提升个人能力；在交付阶段，交付经理承担主要作用，构建合同履行能力。

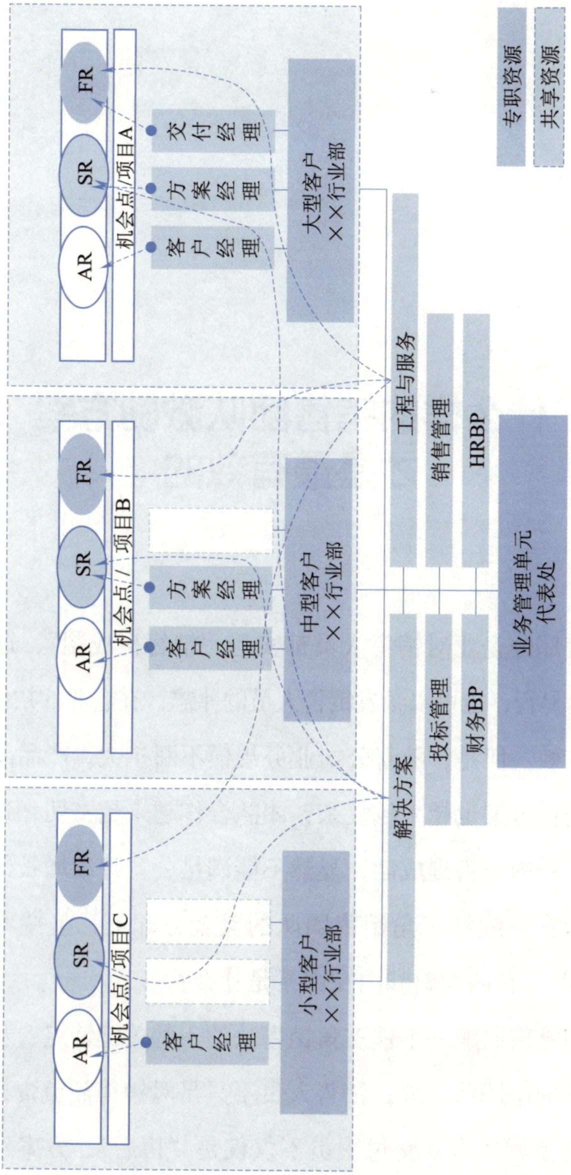

图 4-9　铁三角组织形态示意图

什么样的销售团队激励方案才是最有效的

绝大部分企业对销售人员都实行“销售提成制”，这种方法确实简单易行，也可以激发销售人员的斗志，在企业的初创时期可能比较有效。但是，随着公司业务规模不断扩大，产品品种日趋繁多，交付方案也越来越复杂，团队合作越来越密切，这个时候再采用简单的销售提成制，显然不能满足公司持续增长的需要。

华为在一线铁三角销售团队的奖金分配上，坚持不搞“销售提成制”，它的逻辑和内在因素是什么？

我们重新回顾一下铁三角销售法的一些关键特点：从个人英雄主义转向小团队作战；销售人员不只是对销售额负责，还要对项目的全流程负责；交付人员不仅仅是“售后”，方案经理不仅仅是简单地做报价和方案……

要想将铁三角销售法运用于自己的销售团队，首先要明确一个思路：客户经理、方案经理和交付经理三方，都是在同一个锅里吃饭，如果谁干不好，掉链子砸了锅，所有人都没饭吃。这不仅涉及管理上的问题，还需要运用合理的考核与激励制度，才能让铁三角中的三个角色完美配合，形成合力，心往一处想，拧成一股绳。

常言道：火车跑得快，全靠车头带。而要想让车头马力十足，更多地去负重，就必须给它足够的动力。企业的激励管理，本身就隐含着对优秀人才工作表现的期许。华为的激励管理，不是普惠众人的福利，而是对那些敢于奋斗、善于奋斗、能真正贡献成果的人才给予重点激励。

我曾多次听到业内的HR感叹："华为要挖我们的人很容易，我们要挖华为的人就困难多了。"这背后，就是华为的激励管理体系在发挥作用。华为一直倡导"长期艰苦奋斗"，指的主要是精神上的艰苦奋斗，这与物质上的激励并不矛盾。华为对员工物质上的激励，从来都是非常大方的。

华为的薪酬政策制定充分考虑行业竞争力，并结合岗位责任确定，采用"以岗定级、以级定薪、人岗匹配、易岗易薪"的原则，鼓励员工通过艰苦奋斗和诚实劳动提高收入。

华为的激励管理体系大致可分为薪酬分配体系、奖金分配体系和股权分配体系，通过高压力、高绩效、高回报的激励管理体系驱动员工不断向前，为客户创造更大的价值。

当然，考核是激励的前提，有考核标准才有激励标准。因此，在进行激励管理之前，要有一整套完备的考核体系来对铁三角及其支撑角色进行系统的考核。

1. 铁三角的考核维度

对铁三角销售团队的考核，主要包括合同财务、卓越运营和客户满意度三大指标。合同财务指标包含收入、利润、现金流和成本达成情况；卓越运营指标包含业务、质量、时间和预算等合同条款履行情况；客户满意度指标则包含客户体验、问题解决和关系维护情况等。

在不同时期，考核原则和考核目的都没有发生太大的变化，但是在考核方式、内容和考核权重上会根据市场发展成熟度进行匹配。在不同市场条件下，即使是同一角色也可能存在差异，因此，三个角色要做到与市场发展状况的高度匹配并不容易。铁三角销售团队中三个角色的考核和关系，在企业管理中是最普遍、需要进行深刻反思的问题。

（1）客户经理

客户经理的主要职责是确保为客户创造价值，使客户满意，与客户建立良好关系；关键指标是销售目标达成（收入、利润的前提）、回款目标（现金流）达成和客户满意度，这是内部考核指标，而真正以客户为中心的价值创造才是根本。客户经理既代表客户的利益又代表公司的利益，掌握二者平衡的奥秘才真正体现出客户经理的能力。

（2）方案经理

方案经理的主要职责是为客户提供满足其需求的、有竞争力的解决方案，关键指标是销售目标的达成（收入、利润的前提）和产品市场份额（收入、利润的前提）保障。因此，方案经理要懂得如何呈现产品与解决方案的价值，站在客户的维度去思考价值创造，以及如何让客户感知和认可相关的独特价值，而不是纠缠于产品与解决方案的低层次功能。只会展示功能的产品和方案不会产生高附加价值。价值呈现的深度和高度最能体现出方案经理的能力。没有客户经理和交付经理的深度参与和合作，展示独特价值是无法达成的。

（3）交付经理

交付经理的主要职责是保障合同成功履行，以及客户对合同履行的满意度，关键指标是收入的达成、成本控制和卓越运营指标。交付经理需要在项目早期介入，参与产品与解决方案设计，在合同和订单产生的过程中提前控制和避免交付风险，并与客户达成一致。在这个过程中，与客户经理和方案经理的协同以及与客户达成共识的水平，体现出交付经理的能力。

以上三个角色在考核时会采用平衡记分卡模式，主要考核指标一般可分为关键财务指标（70%）、关键举措（20%）、团队合作（10%）和个人学习与成长（加分项），按照公司目标制定管理办法进行目标制定，按照公司个人绩效考核管理办法进行考核，考核结果按照公司激励与奖励管理办法进行应用（见表 4–1）。

表 4–1　铁三角人员个人绩效考核 PBC 示例

考核项		目标	权重	衡量标准	完成时间	辅助人员	完成情况
铁三角总体绩效目标		指铁三角团队的总体目标，以 KPI 的形式表现					
个人绩效目标	个人业务目标	个人承担的收入、订货、回款等业务目标					
	重点工作目标	考核期内的重点工作目标					
	团队合作	团队配合目标					
能力提升目标		聚焦短板，针对性提升					

由此不难看出，华为对铁三角的考核标准基本是一致的，都是以财务指标为主，而这与华为一直倡导的“以结果为导向”的价值观密切相关。如果从考核维度上进行细分，会发现这三个角色的业绩划分存在一定差异。客户经理的业绩划分是按照客户群维度为主、产品维度为辅来划分的，而方案经理和交付经理的业绩则是按照产品维度为主、客户群维度为辅来划分的。

在一个铁三角销售团队里，三个角色有着共同的 KPI，这样才能保证大家心往一处想，劲往一处使。项目的成败关系到所有人，如果失败了，最大的责任人便是项目经理（售前往往是客户经理，合同履行阶段是交付经理）；如果产生了严重的后果，项目经理很有可能会下课，同时其他角色肯定也会受到不同程度的影响。因此，铁三角中的每个角色都要从项目成功的维度去思考和执行。

2. 铁三角考核激励的具体方法

华为对铁三角销售团队考核激励的方法主要可分为以下三个方面：

（1）奖金分配制度

华为在一线铁三角销售团队的奖金分配上，坚持不搞“销售提成制”，而是基于目标达成率的“奖金包分配模式”，即按照“贡献和利润分享制”，再辅以项目奖励，实现集体与个人的利益平衡。

通过这种方法，企业可以不断强化铁三角团队协作机制，摆脱个人英雄主义，走向团队共赢，实现共同目标。

（2）考核指标

我经常听到有人说：“某人的运气比较好，前人栽树后人乘凉，前人把市场打下来了，后人去了就摘果子。”我也曾多次看见一些人在洗“盐碱地”，努力攻坚了几年，销售额却不是很理想，但是奠定了良好的客户关系基础。换句话说，他可能完成了关键产品的突破，但并没有实现放量式销售，因此销售业绩并不算亮眼。对于这些情况，企业又该如何考核和激励呢？

华为将市场划分为空白新拓展市场、成长性市场和成熟市场三类，分别结合市场难度，对考核指标进行动态调整。比如针对难点市场，其销售额目标的考核比例可以调低一点，但是市场关系和格局目标可以定高一点；在成熟市场前人栽树后人乘凉的场景下，则把销售收入和利润目标的考核比例定高一点，必须付出努力才能够得着，这样才能在不同市场之间做到平衡。

2012年年底，华为中标了一个10亿美元的大单，攻克了一座很多年没有拿下的大粮仓，这是典型的空白新拓展市场。参与这个项目竞标的铁三角团队在当年便获得了700万元人民币的突破奖励；在2013年合同顺利续签之后，任总决定再奖励给这个铁三角团队1000万元人民币。

该地区部总裁得到消息之后，赶忙给任总打电话，说："我们以前已经奖励过了，这一次的话任总您请大家吃饭，我们意思意思就行了，不用发这么多。"

任总在接到电话之后大发雷霆，说："奖金这种事情该发就要发，决不能含糊，什么叫意思意思？如果你吃饱了不管一线兄弟的死活，那把你的奖金、股票、工资全都给我，我天天请你吃饭！"

在平复情绪之后，任总又连打5个电话给该地区部总裁，不断强调一线的兄弟们非常辛苦，干活不容易，一定要给大家分好钱！

华为一直坚持短期激励和长期激励相结合的原则。短期激励一般是指即时激励和项目奖金，上面案例中发给参与攻克空白新拓展市场的铁三角团队的700万元，便属于短期激励，这种及时雨的形式会更加激发员工的奋斗精神。而于2013年再次发给该团队的1000万元激励是面向未来更大的市场机会的，不是面向过去的奖励，属于长期激励的范畴，有助于强化铁三角团队的长期经营意识，实现短、中、长期利益的平衡。

（3）落实“以客户为中心，为客户创造价值”的协同价值导向

华为不断强化市场、销售、研发、供应链都应面向“实现客户需求，让客户满意”的价值诉求，通过面向市场和客户的考核指标进行拉通。主要做法是：在上下游业务单元之间形成考核联动，设置客户满意度指标，并利用考核指标的互锁，让所有部门都面向客户进行承诺。

比如，对研发部门的考核要素是客户需求响应、营销材料完备度、新产品开发质量等，对市场部门的考核要素是客户愿意购买的新产品销售额、市场份额和老产品扩容销售额等。通过这种方法，华为不断强化后方与一线铁三角团队的高效协同，从“以自我和领导为中心”向“以客户为中心”转变。

为了使考核机制进一步优化，华为扩大了项目铁三角负责人的行政管理权，包括绩效评议权和项目奖金分配权。华为还秉持“不断自我批评，不断改进管理”的原则，具体方法为：从一线往回梳理流程，提炼业务本质；从一线往回梳理组织，不增值的组织坚决砍掉。

需要强调的是火车头对销售团队的作用，不仅仅是推，也不仅仅是拉。所有考核和激励的目的，是让每节车厢都能成为动力源，协同一致；要让大家脚踩风火轮，三头六臂，生龙活虎，各显神通，让团队中的每个人都敢于争先，勇于争先。

铁三角的有效运行，需做好利益机制和经营机制的协同，从

共同的 KPI、能力管理、决策与授权、资源池可收费性/利用率等几个要素进行赋能（见图 4–10）。

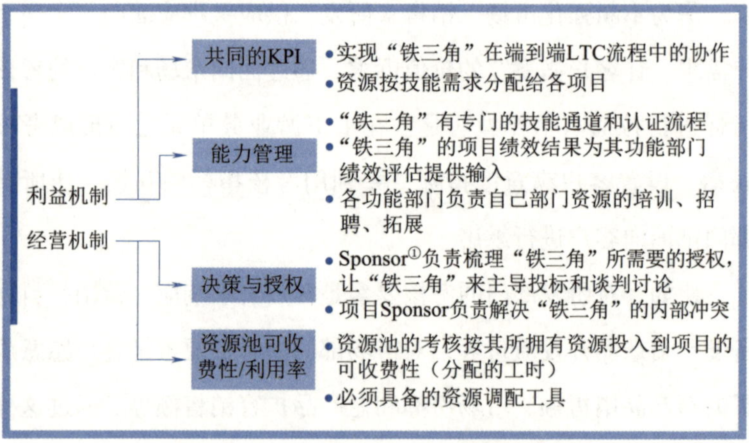

图 4–10　铁三角利益机制和经营机制示意图

① Sponsor 即公司内部的项目赞助人，指联系特定项目的公司高级领导，主要从事高层客户交流。——编者注

销售人员的能力如何跟上公司发展

销售是一个企业成长发展的前端和龙头，企业发展到一定阶段，要想上一个台阶，往往会苦于销售能力跟不上：老的销售人员不思进取，新的销售人员不知如何培养，销售经验方法基本靠口口相传，“金牌销售”走了，把能力经验也一起带走了；组建了铁三角团队，但不能形成合力，销售业绩反而下滑了……如何在提升销售团队个人能力的同时，把个人能力、经验转化为组织的能力，这是很多公司面临的问题。

能力的提升不是做几次培训就可以实现的，需要系统性的规划和实施，同时这也是一个学习、实践、再学习、再实践不断循环往复的过程。

华为在销售能力提升方面实践多年，有一整套独到的实践经验和提升体系。

1. 仗怎么打，兵就怎么练

对铁三角人员的培养主要是通过具体的销售实践。不要出现在战场上需要打步枪的，而培训出来的却是开航母的。培训和赋能永远要跟战场中的业务需求保持密切一致。磨刀不误砍柴工，不经过训练就匆匆忙忙上战场的士兵，阵亡率是很高的。每位铁三角人员必须参加相关培训并通过相关岗位考核，才可以上岗。

每个公司因为行业属性和发展阶段不一样，对铁三角人员的能力要求也会有所不同。要梳理清楚每个岗位的核心能力要求，以及目前能力的主要差距和问题，再有针对性地开展能力提升计划（见表 4–2）。

表 4–2 铁三角能力要求及差距分析示例

	核心能力要求	能力差距
客户经理	**客户关系规划与运作** 项目运作管理 产品与解决方案知识 策略制定 商务谈判 跨文化沟通 团队领导	项目运作能力不足 商务谈判能力不足 客户关系管理能力不足 洞察力及敏锐度不足
方案经理	**解决方案制订** 战略解码 产品竞争分析 客户关系 产品知识 方案宣讲	对产品技术的了解不足 方案宣讲能力不足 对行业及市场创新趋势了解不足
交付经理	**交付项目管理** 客户沟通 产品知识 风险管控 推动协调 服务意识	客户沟通能力不足 项目及风险管控能力不足 推动协调能力不足

2. 训战结合

仅仅有理论知识的培训是远远不够的，培训和实战一定要结合起来，是一个从自学到集中培训、实战检验、答辩、再学习的循环过程（见图 4-11）。

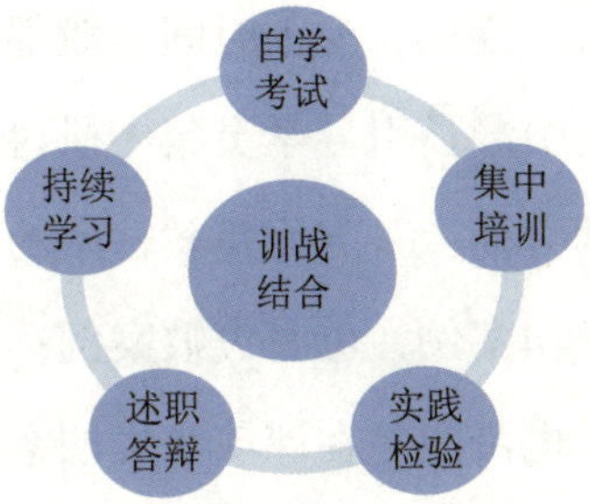

图 4-11　训战结合过程图

自学考试。针对铁三角人员所需的知识和能力，华为开发出一系列的学习课程，通过 I-Learning 学习平台来管理。铁三角人员可以根据自己的需求，随时随地申请相关课程的权限进行学习和考试。业务部门也会根据需要，要求员工自己进行学习和通过相关考试。在参加集中培训前，为了保证集中培训的效果，一般会要求参训员工先自学完成相关课程并通过考试，才能进入集中培训阶段。I-Learning 平台上的课程随着业务的变化会不断地进行调整。在业务发展过程中，如果需要增加某些具体的知识，马上在学习内容中就会体现出来。如果说业务的发展不需要某些知识了，那就在学习内容中马上替换掉，及时刷新，不会出现滞后。

集中培训。集中培训的内容一般分为三类。

- 讲师引导。这部分内容一般只占 20% 左右的时间，都是由具有丰富实战经验的管理者或者业务专家来进行引导，带着自己的实践经验为学员授课和分享知识。
- 案例研讨。这部分内容一般会占 30% 左右的时间。在华为的集中培训期间，晚上时间一般都会被利用起来做案例研讨，由引导员引导学员集中研讨具体案例。案例主要来源于两方面：一方面是教材中的相对通用和典型的案例，有成功案例，也有失败案例；另一方面是学员自身的案例，也可能是在课前收集的案例。华为的案例教学方法不是自己发明的，而是基于美国的哈佛商学院和毅伟商学院的案例培训方法，发展出了自己的案例教学逻辑，包括案例写作方法、案例教学方法、案例学习和研讨方法等。
- 模拟演练。还有 50% 的内容是学员在课堂上进行研讨以及模拟演练。比如销售项目运作管理的培训，在课堂中就会搭建相应的沙盘，采用角色扮演的形式在课堂中进行模拟演练。这些沙盘都是根据实际业务进行建模和抽象出来的。

实践检验。在集训之后，学员会带着自己的任务回到岗位，去实践集训时学到的具体知识、技能等，通过具体实践固化行为，同时会要求结合培训课程进行总结和输出。在实践检验中，部分岗位还会根据任职资格要求为铁三角中每个成员指定导师，导师在角色认知、工作开展中提供指导和帮助。

述职答辩。经过一段时间的实践，每个学员都需要对自己所学的知识和实践经历进行总结回顾，并撰写感想、收获、领悟、建议等，最后是答辩。这些总结一方面要从业务的角度来阐述自己的实践成果，另一方面是从思想文化也就是价值观的角度来阐述。那些在业务和思想上都过硬的员工将会被打上标签，有机会得到迅速的提拔和晋升。

持续学习。答辩完成之后，公司会通过 I-Learning 平台持续推送更高一阶的课程、案例来帮助员工持续学习，不断提高。

3. 用最优秀的人培养更优秀的人

华为走上讲台进行培训赋能的大多是业务专家或者由业务专家走上管理岗位的管理者。任正非曾经说过，要找会开航母的人来教开航母，不然就触礁了。华为要求走上讲台的讲师一定是具有实战经验的，并且每年都会选拔一些有成功项目经验的人开发课程、走上讲台。走上讲台的一定是最优秀的人，这些最优秀的人要承担责任，要给公司培养更优秀的人。华为的兼职讲师库师资非常丰富，管理干部、业务专家基本上都要走上讲台授课，他们走上讲台也代表了公司对他们的认可，他们就是最优秀的人，同时也希望他们去发出更多的光芒和热量去培养更多更优秀的人。开发课程和授课也是讲师们在任职专业贡献方面的重要输入，支撑其任职资格考核。一个骨干员工或者管理者如果没有课程开发的输出，或者没有培训授课的记录，他的职业发展前途就会受到影响。

另一方面，专职培训老师也需要不断加强对业务知识的理解和学习，深入业务一线进行实践，参与到具体的业务项目中。通过在项目当中的磨炼加深自己对公司业务的理解，从而在课程项目设计、内容开发、授课和引导的过程中与业务贴合得更紧密。

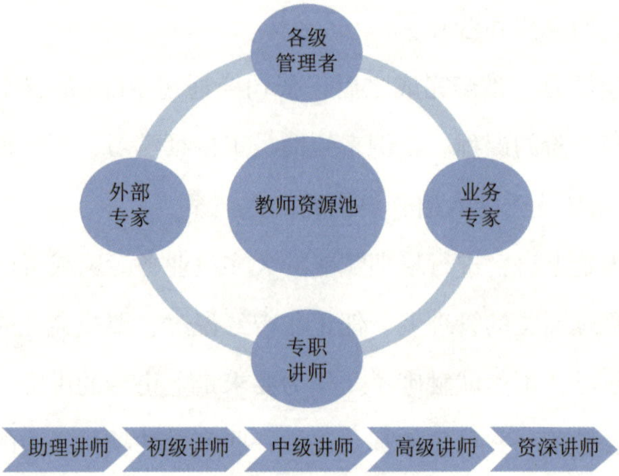

图 4-12　培训教师资源池示例

4. 把销售经验和能力通过流程固化下来

LTC 流程本来就是来自优秀的销售实践，在流程的适配过程中，把平时优秀的经验、工具、模板固化在流程中，并要求每位成员都要对 LTC 流程有充分的认知和理解，知道自己在流程中的角色和每个阶段应该承担的责任，严格按照流程执行相关动作。即使是资质一般的销售人员，只要能够严格按照流程要求来工作，也大多能取得不错的成绩。

5. 打造铁三角团队的精气神

教精神、教方法重于教知识，“精气神”的打造在华为铁三角的培训中是不可缺少的模块。

在华为的 17 年销售与管理生涯中，无论在国内还是在国外，客户经常告诉我，他们能够很快识别出谁是华为人，这是一种精气神的体现，让干部与员工有远大的抱负和梦想，让每一个人把自己的命运与公司发展前途融合在一起。华为在发展初期就前瞻性地构想了“聚焦电子信息领域，成为世界级领先企业，三分天下必有华为”的发展愿景与宏大抱负，在业务发展的各阶段及时提出了更具挑战性的战略目标，从组织发展的意义感、个体创造的价值感与成长的机会上，为全体员工指明了方向，树立了目标，提供了空间，极大激发了各级组织与员工努力创造的精神动力。这就是他们身上维持生命活力和奋斗激情的土壤。

不管是新上岗铁三角员工的培训，还是营销管理干部的上岗培训，华为都会安排至少一周的基础培训。培训内容主要有三个方面：一是体能训练和军训，培养员工不畏艰苦、勇于挑战、团队协作的精神；二是企业文化学习和研讨，要让每位员工真正理解和领悟公司“以客户为中心，以奋斗者为本，长期艰苦奋斗，坚持自我批判”的核心价值观，并结合自己的工作开展研讨；三是让每个员工理解公司当前的形势和自己应该承担的使命与责任，特别是树立铁三角团队必胜的信念，对胜利充满渴望，敢于追求，永不言败！赢得一个项目有两次，第一次是在内心中，第二次是在现实中。

6. 建立丰富的案例库和知识管理平台

华为认为最大的浪费是知识和经验的浪费，因此在实践中逐步建立起一个有效的知识管理平台和案例库。

华为有一个非常庞大的案例库，每个员工都可以在上面发布和分享案例，然后由专家和其他员工进行点评、点赞，讨论互动。优秀的案例经过评审之后，管理人员会在内部进行推广宣传，甚至有些案例会被选入培训教材中，作为教学案例使用。对于提供优秀案例的员工，华为内部设计了各种物质激励或精神激励，来促进大家对案例库的投稿和建设，甚至在一些岗位的任职资格里也强制性要求升职评估时需要对案例库有一定的贡献，以保证案例库有充足的资源。

铁三角的决策和授权机制

决策授权机制对铁三角销售团队至关重要，甚至可以说，没有充分的决策权，华为的铁三角销售团队绝不可能取得如今的辉煌成就。

让一线团队直接决策，是华为屡战屡胜的一大法宝。华为的各级销售决策团队会依据销售授权，在销售项目的关键决策点进行决策。具体而言，在华为的 LTC 流程中，包含立项决策、投标决策、合同决策、合同变更决策、合同关闭决策五个方面的内容。

1. 立项决策

立项决策指在充分分析客户需求和痛点的基础上，考虑公司是否有与之匹配的产品和解决方案以及是否符合公司的长期发展战略，依据相关立项评审的标准和授权，综合机会点的技术需求、业务需求、预算规模、交付时间、决策链等决策是否立项，并根据项目的定级原则确定项目级别。

2. 投标决策

投标书制作完成后，需要相关专业人员（技术方案、交付方案、商务、法务、融资、供应链等）进行专业评审并给出专业评审意见，销售决策团队在此基础上，依据投标评审标准和授权，再综合考虑项目招标要求、技术要求、答标条款、竞争及风险条款等进行判断，决策是否可以提交标书。

3. 签约决策

在销售合同/订单/协议草案制作完成后，需要各专业人员进行专业评审并给出专业评审意见，销售决策团队在此基础上，依据签约评审标准和授权，再综合考虑交易条款、合同履行风险、招标要求等决策事项进行综合判断，决定是否签订销售合同/订单/协议，并审批签订的内容。

4. 变更决策

在销售合同/订单/协议履行过程中，如果客户需求发生变化，申请进行变更，销售决策团队要对变更的风险、成本、技术方案、交付时间等进行综合判断，决定是否同意进行变更。

5. 关闭合同决策

在销售合同/订单/协议履行完成后，销售决策团队需要对销售合同/订单/协议的执行情况、经营结果、后续风险以及客户满意度等进行综合判断，决策是否同意关闭此销售合同/订单/协议。

为了能够让“一线作战团队直接决策”彻底落地，华为的铁三角销售授权有一整套完整流程。

1. 制定授权方案

授权方案由授权支撑团队负责制定。一方面，授权支撑团队依据公司的授权定期获取授权的相关背景信息，包括公司或所在组织的战略诉求、经营目标、业务策略、业务计划、客户情况、财务政策和授权范围等；另一方面，授权支撑团队需要对上个授权周期的实施情况进行调研，分析上期授权与行权过程中存在的问题以及需要改进或调整的地方。综合以上两个方面的信息，授权支撑团队制订出销售授权方案，方案主要包括如下内容：授权对象、授权范围、授权要素、授权口径、授权场景及内容、授权阈值制定方法、行权规则、授权发布计划等。授权方案制订后，需要向授权权力机构或相应层级的销售决策团队进行汇报并获得审批。

销售授权方案需要根据市场的变化来制订和调整，原则上每年需要重新审视一次，如果遇到紧急特殊事件，也可以临时申请召开销售授权决策会议。

2. 审批授权方案

授权权力机构（如定价委员会、财经委员会或公司经营管理团队等）在收到授权支撑团队上交的销售授权方案后，对授权内容进行充分讨论，并审定与批准授权方案。

各级销售决策团队依据其授权范围，指导下一级销售决策团队制订转授权方案，并进行审定和批准。

3. 制定授权书

授权支撑团队依据批准后的销售授权方案，制定对应层级的授权书，授权书内容包括授权对象、授权范围、授权要素、授权口径、授权场景及内容、授权阈值、行权规则、授权期限等。授权书制定好后，授权支撑团队提交给授权权力机构或相应层级销售决策团队进行发布。

4. 授权应用支撑

授权支撑团队负责支撑授权的落地实施，提供相关的培训、模板、工具，逐步建立支撑授权落地的 IT 平台。

5. 监控及持续改进授权

公司授权权力机构对各事业部销售决策团队授权与行权的执行情况进行例行审查；各级销售决策团队需要对授权与行权的情况进行主动审查，发现问题，及时调整相关授权内容和规则。授权支撑团队对授权绩效进行监控，依据实际经营情况、行权中出现的问题等，制订改进方案，提供给授权权力机构或销售决策团队进行优化。

在一个销售项目中，铁三角根据客户分析和竞争分析，想以商务条件去满足客户标书要求，对产品和方案进行报价，那么客户经理在商务申请方面应该怎么做呢？

首先需检查代表处对该产品和方案在系统部或者办事处层级的商务授权，该授权可以直接由系统部授予铁三角客户负责人或产品负责人，如果在授权范围内，铁三角可以直接决策，报系统部销售决策团队复核审批。为了快速响应客户需求，原则上

60%~80% 的销售决策应该在系统部 SDT（sales decision team, 销售决策团队）团队完成。

如果超出系统部层级的授权，需要系统部 SDT 团队讨论，系统部须提出决策申请，报向上级销售决策团队进行决策。如果在上级销售决策团队的授权范围内，系统部将获得决策意见并执行；如果不在此范围内，将继续向上申请（地区部销售决策团队 RSDT 和事业部销售决策团队 BGSDT），直至最高层级的决策会议 CSDT。一般只有特大型战略和风险项目，才会到这个层级（见图 4–13）。

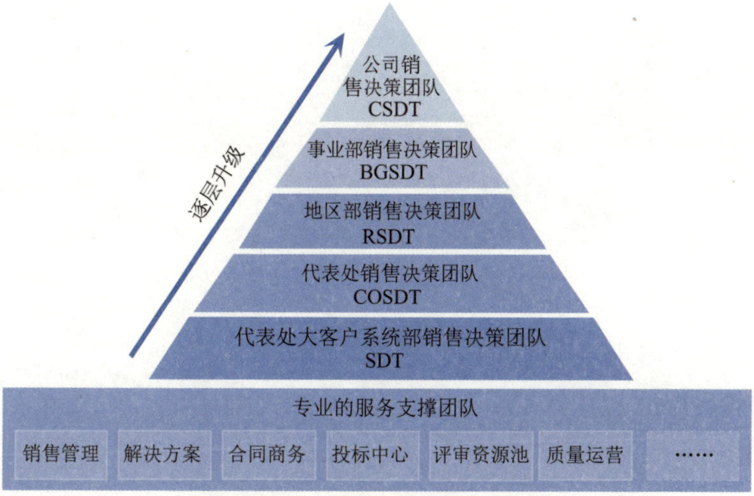

图 4–13　铁三角销售决策分层示意图

在铁三角的整个销售决策过程中，必须有专业服务支撑团队协助进行专业评审和提供决策数据支撑，快速响应决策需求，形成对合同质量的控制。这是一套完善的五层决策与授权系统，共同支撑起了华为3000亿元以上的销售规模。一般企业可以参考分层决策管理结构，做出适配销售规模的三层决策和授权体系即可，但需要在授权专家指导下操作，切不可照搬照抄。

第 5 章

可复制的
铁三角

铁三角销售法，你也能学会

很多企业家和销售团队的管理者都曾问过我这样一个问题，华为的铁三角销售法是否可以应用于其他的企业（团队）？答案是肯定的。铁三角销售法提供的是一种普适的销售指导思路和方法论。也就是说，虽然不同企业的销售模式有所不同，但面向客户都需要一支团结一致、分工协同的铁三角团队，来支撑销售工作的高效执行。

在今天的市场上，有不少企业已经按照发展需求找到了属于自己的个性化组织形式和内部分工协同销售体系。

服装品牌韩都衣舍，在具体的销售业务中，按照不同的单品，设置不同的运营团队。在每一个团队当中一般会有三种角色：设计师或选款师，负责产品款式的收集和开发；页面制作专员，负责商品的拍摄、页面制作与维护；货品管理专员，负责订单的所有流程，包括与生产的对接和物流安排等。虽然这三种角色和华为的铁三角并不完全一致，但从底层逻辑来看，这也是一种面向业务的、合理的销售协同的方式。

小米公司销售产品的整个过程也能够体现出铁三角销售法分工协同的核心逻辑。首先，小米有专门的客户服务人员，会从多个渠道、多个平台听取客户的声音，并整合成具体的产品建议；然后，这些建议会交由产品部门的研发人员分析可行性与市场潜力，确定从何种方向开发或者提升产品；最后，更新迭代之后的产品会在电商部门的运营下成功实现销售。

从管理的角度来说，铁三角销售法是面向客户价值创造的管理模式，但这并不是华为公司的独门秘籍，西方很多公司都采用了这种整个销售团队围绕客户业务需求展开的销售管理模式。

亚马逊作为电商平台中的佼佼者，能够从1995年发展至今，稳定占据互联网电商行业的头部，很大程度上是依靠其“增长飞轮”的发展模式。

在增长飞轮的每一个核心环节背后，亚马逊都设置了专门的团队和人员，负责执行关键动作。为强化用户体验，有专门的客户服务人员去专门调研、分析不同用户的需求；为了让更多的第三方供应商加入平台，亚马逊也有专门的营销团队和人员进行宣传和招商；为了在大量商家入驻之后实现平台的服务效率和质量，亚马逊设置了专门的技术部门来研究、提升平台的算力水平。从某种程度上来说，亚马逊的增长飞轮背后，其实是一个近似于铁三角销售法的分工协作销售模式。也正是在这种模式的赋能下，增长飞轮才真正转动起来，实现了亚马逊的持续发展。

当然，除了这些凭借自己的经验和手段探索出属于自己的铁三角销售法的企业，还有一些公司通过学习标杆企业的经验也达成了同样的效果。

举个例子，华为的一个非常重要的合作伙伴，也是国家级高新技术企业——杭锅集团股份有限公司，它在实际经营当中，也采用了类似铁三角的销售法。

杭锅根据地域的分割设置了不同的区域市场，在每一个区域市场当中设置了专业的销售团队和项目交付团队。在营销变革中，为了弥补一线销售人员在技术方面的短板，公司专门成立了解决方案部，解决方案人员与一线销售和项目交付人员形成面向客户的铁三角，协同作战，人均销售额及销售项目成功率得到很大提升。

无论是自行研究，还是学习标杆企业的经验，这些实打实的案例都说明铁三角销售法是可以被复制的。当然，一件事情具备可行性，不一定意味着这件事情容易完成。毋庸置疑，好的销售模式可以帮助一家公司走向成功。然而，需要提醒大家的是，销售模式绝非一抓就灵，华为铁三角销售法绝不能简单复制，而是需要大量的前提条件作为铺垫，才能确保复制的效果。

1. 团队文化

复制铁三角销售法，对企业来说无异于一次销售体系的变革。从表面来看，变革的主要对象是针对销售团队的组织方式和运作模式，但实际上却是对销售人员固有认知的冲击和重塑。组织方式和运作模式的调整通过一纸文件就可以完成，但团队协同作战思维模式的改变需要长期的管理导向与潜移默化。

2. 业务流程

要复制铁三角销售体系，组建企业自己的铁三角团队是必不可少的一个环节。铁三角组织是为实际业务流程服务的，只有明确了铁三角销售体系的业务流程，并且确定铁三角团队应当承担哪些责任，这些责任又应该由哪些关键角色来具体承担，铁三角在企业中才能找到落脚点。

3. 组织体系

有了对铁三角销售体系具体业务流程的了解作为基础，根据铁三角团队的责任和定位，企业就可以去设计自己的铁三角团队并组成相应的各级团队，负责销售体系的具体执行。

当然，组织基础的构建离不开人才的支撑。铁三角销售体系的执行有三个核心角色：客户责任人、产品责任人以及交付责任人。如果企业缺乏这三个方面的关键人才，找不到合适的人来承担相应的工作，就无法组成有效的铁三角团队，销售模式的复制自然无从谈起。

4. 授权机制

组建了铁三角团队，并不意味着销售模式的复制已经完成，就像我们在前面的内容中多次提到的，想要让铁三角团队高效运作起来，企业需要授权给各级铁三角团队。一方面是事权和财权，也就是根据业务进行资源分配的权力；另一方面是人权，也就是人员考核与调动的权力。

只有各个层级的铁三角团队按照各自的责任范畴，掌握一定的事权、财权和人权，销售团队才能有效地承担自己的责任，解决自己应该解决的问题，从而保证销售业务流程的高效和敏捷。否则，一个徒具形式却不够高效敏捷的所谓的铁三角销售体系，并不能达到预期的效果。

5. 考核与激励机制

有了事权、财权和人权的下放，企业自然要为销售团队设计相应的考核机制，一方面是为了确保各级铁三角团队的销售目标得以达成，另一方面是为之后的激励奠定基础。

在考核方面，企业应当有相应的考核导向让铁三角拧成一股绳，让三个角在销售的不同阶段各有侧重但又互相协同，让三个角朝着同一个目标努力，因此三个角应该有共同的 KPI，同时又有差异化的考核要求，通过这种考核设计让三个角形成合力。

在铁三角销售模式当中，由于分工不同、创造价值的方式不同，所以激励的手段也存在一定的差异。如果企业对销售人员的激励采用的是简单 KPI 考核加绩效奖励的方式，那么在复制铁三角销售法之前，就必须对现有的激励机制进行调整，按照团队运作的方式重新设计激励方案。

6. 数字化系统

团队文化、业务流程、组织体系、授权机制、考核与激励机制等环节构成了铁三角销售模式及体系，只有这些环节环环相扣，相互联动，才能形成一个顺畅的运作体系。但是，随着销售业务的快速增长和规模化发展，必须将铁三角销售模式及体系进行数字化，让铁三角销售体系从由人来驱动，转变为流程驱动和系统驱动，并在大数据、云计算和信息技术赋能中，实现数据智能化，从而反向驱动铁三角系统的自我完善。

人在一起只是团伙，心在一起才是团队

作为一名管理咨询行业从业人员，在工作中免不了要和很多企业的经营者进行沟通。由于我个人的工作经历，以及公司的主要业务特色，所以我经常会聊到过去在华为的一些事情。也有不少人问我，华为的团队规模如此之大，人效如此之高，管理者的工作是不是很繁重？

从工作的复杂程度来说，华为的管理者确实要比普通企业管理者承担更复杂多样的任务。但是从数量上来说，却没有想象中那么繁重。之所以这么说，是因为华为在愿景、使命和核心价值观的指引下，特别是在团队文化至上的导向下，形成了团队自组织的运作模式。华为在选择某类干部和人才的时候，核心价值观始终是重要的选拔标准。因为我们坚信，只有价值观一致，干部

和人才才能更好地完成自己的工作，才能为客户、为团队、为企业创造更多的价值。

对其他企业来说，其实也是同样的道理。每个人的行为模式背后，都有意识层面的世界观、人生观、价值观在引导。也就是说，如果员工和企业之间的价值观趋同，员工会对企业产生更强的向心力和认同感，两者之间的行为模式也会天然趋同。在更符合自身思维和行为模式的环境下，员工自然能够更好地发挥自己的能力，创造更多的价值。

所以，在复制铁三角销售模式的具体场景中，想要在企业内部成功运作一套新的销售体系，首先就要让员工从思维层面认同这种新鲜事物。否则，即便企业成功引入了铁三角销售模式，从组织形式上进行了调整，但如果员工内心不接受这种改变，复制也就失去了效果。

汇川技术董事长朱兴明在一次采访中说："中国企业在管理思想上一定要开放。中国的企业家往往太重注经验主义，太注重实用主义，大家习惯于摸着石头过河，积累那么一些经验，认为这些经验就可以在中国通用，然后在全球通用……思想格局的提升，比能力技术的提升更重要。要把世界上最优秀公司的管理理论、管理实践机制化、体系化地引进，创造性地内化成我们企业内部的东西……"

对企业来说，思维层面的认知升级，最好要先于业务层面的改变。没有一个合适的文化基础，即便业务调整到了合适的方向，也很难成功落地。所以，要想让员工从意识形态上接受铁三角销售模式，企业还是要从文化建设的角度入手。至于如何去塑造这种文化基础，我根据过去辅导其他企业的经验，总结了一些具有普适性的方法，希望可以对大家有所帮助。

1.“以客户为中心”的价值导向

客户需求是企业发展的原动力，为客户服务是企业存在的唯一理由。任总说过：“铁三角是一个聚焦客户需求的共同作战单元，其目的只有一个：满足客户需求，成就客户理想。”

“以客户为中心”的价值观是企业成功复制铁三角销售模式的文化基础。如果没有这种思想，企业的销售团队很容易陷入为了实现成交而不择手段的状态，从而忽视维护客户关系和保证交付质量的重要性。这样一来，销售团队的分工协作也就失去了意义，更遑论铁三角销售模式的复制。

从某种程度上来说，铁三角销售模式是华为“以客户为中心”的核心价值观践行的产物，无论是团队组建也好，实际运作也罢，都需要这种核心价值观作为基础。

洲际酒店集团是目前全球最大及网络分布最广的专业酒店管理集团，在全球范围内拥有超过4400家酒店。为了提升酒店的营销效率和效果，该集团特别制订了一份提升计划，主要包含三方面的关键工作。

其一，通过技术升级，建立属于自己的数据库，强化酒店对客户的了解，并根据客户的需求制定个性化的营销内容；其二，扩张营销渠道，更多地考虑“客户考虑的事情”，提升客户的触达和营销效果；其三，组建专门的团队负责客户关系的建立与维护，统一协调其他营销团队之间的任务。

洲际酒店的营销提升，其实也是一种近似于铁三角销售模式的协同作战体系，不仅存在不同部门之间的分工与协同，更重要的是营销团队当中的每个角色都是围绕客户需求的核心去制定自己的工作内容。这才是洲际酒店的营销提升能够成功的核心要素。

相对于带有强制意味的行政命令，用价值观去引导员工思维模式进行转换，然后再利用思维模式对行为方式的影响，企业的员工会更加容易接受铁三角销售模式。

2. 协同价值导向

当初，我和团队作为第一批开发海外市场的先行者来到陌生地域的时候，虽然组成了一个团队，但更多的时候是各自为战，几经努力却收获寥寥。正是那段时间的艰难，让我意识到一个协同一致、同心协力的团队对市场开发来说有多么重要。

人在一起只是团伙，心在一起才是团队。从业多年，我见过很多学习华为铁三角销售法的企业，虽然它们组建了自己的铁三角团队，却没有实现“1+1+1>3”的效果。明明每一个角色的能力都达到了一定的水平，但始终无法带领整个团队创造更高的业绩。为什么会出现这样的问题呢？

答案很简单，在传统单兵作战模式的影响下，企业员工对销售这件事情已经形成了固有认知，无法与他人进行有效的协同。

而想要解决这个问题，最简单直接的方式就是在企业文化当中加入协同价值导向，引导员工改变认知，重新认识团队协同的价值和作用。

以华为为例，华为对铁三角团队中的三个角色虽然有差异化的考核标准，但其中最关键的一项是他们有共同的项目财务指标，或者说业绩指标。这与华为一直倡导的"以结果为导向"的价值观密切相关。有了共同的考核标准，铁三角团队自然会在共同完成统一目标的前提下考虑如何进行自己的工作。这样一来，团队自然能够上下一心，合力攻坚。而三个角色统一的主要考核标准，体现的就是团队协同的文化价值导向。

当然，如果我们从整体的角度来看待企业复制铁三角销售模式所需的文化基础，"以客户为中心"的价值导向与协同价值导向看似是两件事情，其实是一件事情的两个方面。

客户经理、产品经理、交付经理三个关键角色需要协同一致才能发挥铁三角销售模式的作用，但在具体的执行中，我们都知道三者负责的工作其实各有偏重。为了保证三个关键角色不会在具体的工作中忽略协同一致的核心逻辑，企业需要给这三个角色找到一个共同的参照物。在实际工作中，和铁三角团队当中的三个角色都有关系，同时又对最终的销售结果有重要影响的因素，其实就是客户。

举个例子，华为为了让市场、销售、研发、供应链等部门都面向同一个目标，也就是"实现客户需求，让客户满意"的价值诉求而努力，在企业内部建立了面向市场和客户的考核系统。在工作上下游业务单元之间形成了考核联动，并设置了客户满意度指标，利用考核指标的互锁，让所有部门都面向客户进行承诺。

比如，对研发部门的考核要素是客户需求响应指标、营销材料完备度、新产品开发质量，对市场部门的考核要素是客户愿意购买的新产品销售额、市场份额和老产品扩容销售额等。通过这种方法，华为不断强化后方与一线铁三角团队的高效协同，从“以自我和领导为中心”向“以客户为中心”转变。

也就是说，如果铁三角团队当中的三个关键角色都能坚持“以客户为中心”的价值观，并坚持用这种价值观来主导自己的行为模式，那么三个角色之间自然而然会形成合力。

无论是从铁三角销售模式的历史沿革出发，还是从实际应用的角度来说，企业要复制华为的铁三角销售法，首先要牢牢树立“以客户为中心”的核心价值观，让“以客户为中心”的理念融入每个员工的血液。

没有高效的业务流程，何谈销售效率的提升

在与其他企业的经营者进行交流时，我发现一个很有意思的现象。很多人都知道华为的铁三角销售体系，却很少有人知道这个销售体系当中其实包含两个关键要素，其一是铁三角销售团队的组织形式，其二是从线索到回款的业务管理体系，也就是 LTC 流程。

华为自 2005 年突破全球大客户之后，客户的需求剧增，对华为整体运营能力形成了挑战，客户满意度也逐渐下降，业务流程运转不畅，市场一线认为后台部门交付经常掉链子，后台部门认为一线签的合同很烂，无法有效协同。同时，客户需求的传递出现诸多误差，常见的问题包括：发货时经常出现错发货、漏发货等问题，导致客户投诉，合同违约纠纷频繁发生；二次开发、

重新发货、工程资源闲置造成公司资源的巨大浪费；组织运作责、权、利不清晰；授权不明确，决策流程复杂，无法及时响应客户需求；等等。

痛则不通，不畅通是华为当时面临的主要问题：合同数量激增、合同场景多，销售、订单处理、交付、收入确认和开票回款等环节运作方式不能适应业务发展的要求；销售授权、项目立项、评审、决策不规范，合同质量差；售前售后没有打通，合同问题多、风险高，不能正常交付；验收回款滞后，超长期项目增多，形成呆账坏账。

为了解决这些问题，华为引入了从管理线索到管理机会点，再到管理合同执行的 LTC 流程，把原本零散而独立的各个销售环节，通过流程集成到一个系统当中。也正是因为这套流程的引入，铁三角销售团队的工作效率得到了进一步提高，华为的海外业务才能迅速开展，成功站稳脚跟。

关于 LTC 流程的重要性和必要性，在前面的内容中我们已经提到过，这里我想跟大家共同探讨的是 LTC 流程和铁三角销售团队之间的关系。在讲解具体内容之前，大家可以先思考一个问题：如果没有一个高效的销售业务流程，仅仅是专业分工的销售团队，能够提升销售工作的效率吗？

答案当然是不一定，销售的结果更多时候是由具体的业务流程决定的，虽然销售团队的工作能力和效率也会对最终的结果产生影响，但实际上却是通过执行流程的方式实现的。也就是说，铁三角销售团队不仅承担着 LTC 流程具体执行者的角色，同时还被销售业务流程驱动而工作。所以，对想要复制铁三角销售模式的企业来说，**想要组建自己的铁三角团队，首先要重新塑造自己的销售业务流程**。只有这样，企业才能按照业务流程展开所需的关键环节，找到设计销售团队的思路。

至于企业应该如何重新规划自己的销售业务流程，我觉得LTC流程是一个不错的选择，第一，华为的成功实践已经验证了LTC流程与铁三角销售团队之间的适配性；第二，从线索到回款的端到端销售业务流程符合如今快速变化的市场形势，能够帮助企业高效抓住商机；第三，LTC流程看似烦琐，但背后的核心逻辑相对简单，复制难度低，企业可以轻松化为己用。接下来，我们就来具体了解一下企业复制LTC流程的核心思路。

1. 线索的收集、验证与培育

所谓线索，就是客户对特定的产品或服务的潜在购买意愿，而这最终将可能为我们带来商业机会。在线索收集阶段，销售人员的主要工作是，从多渠道主动收集初始线索信息，然后分析信息并生成初始线索。

线索的验证就是基于客户是否有潜在的购买意愿来验证线索的有效性。我们过去在工作中习惯按照客户成交意愿从低到高将线索分为三类，分别是初始线索、可信线索以及机会线索。分类的目的是为了清楚地判断商机的有效性。企业可以借鉴这种分类方式，当然，也可以根据自己的需求重新设计分类方式。

线索或者说商机的收集和验证，说白了就是一个广撒网的过程。通过广泛收集和快速验证所有可能带来成交结果的信息点，企业才能从瞬息万变的市场中最大限度地抓住有效商机。当然，在收集和验证过程中，免不了持续试错的经历，销售团队要有一定的耐心和定力，不要轻易放弃。

只有线索的收集和验证还不够，销售人员还需要围绕成功的核心要素开展工作，牵引客户的投资，把线索培育为实实在在的商机。在培育线索的过程中，需要找到客户的关键决策者，挖掘痛点，提出相应的解决方案，呈现能为其带来的价值，影响其购买意愿和构想，并牵引出能转化为下一步具体行动的采购计划和采购预算。

> 我们都知道美团刚刚在市场上打响名号的时候，是以团购网站的身份进入大众视野的，但经历了当年的“百团大战”之后，美团虽然存活了下来，但整个团购市场的低迷已成定局。为了实现更长久的发展，美团开始寻求新的业务，开设了专门的创新业务部门，以生活服务为线索，根据消费者的需求和潜在需求，不断尝试新的业务类型，包括团购电影片、酒旅服务以及外卖业务。通过试点，美团发现外卖业务是当下最符合自己的第二曲线，于是开始加强投入，将外卖业务从试点区域向外推广，这才有了今天的美团。

市场上充斥着各种各样的商机，有的有效，有的无效，但大多数时候对商机的评判都不是一眼就能得出结论的，只有持续地收集和验证，不断地试错和分析，才能准确地定位到对企业有效的商机。

2. 机会点管理

即便是通过验证的有效商机，从本质上来说依然只是一个信息点。想要让商机转化为实际收益，企业需要理解商机背后的真正的客户需求，与客户建立连接，然后通过产品为客户创造价值，得到客户的认可，从而成功实现成交。至于如何把握时机，如何选择沟通方式，相信每家企业都有自己的经验和习惯。

在这个过程中，企业的铁三角团队需要协同一致，各司其职。客户经理负责与客户进行沟通，建立联系；产品经理负责根据客户的需求，挑选合适的产品，或者集成解决方案；而交付经理则负责交付方案的制订与实施。

现在很多房地产中介公司都会在自己的门店当中引入大数据系统，通过收集客户在官网、App 等不同渠道的浏览记录和咨询诉求，将有效的客户记录在案，作为有效的商机供销售人员使用。而在销售团队当中，也会存在分工协作机制，一部分销售人员负责与客户建立联系，邀请客户实地看房；另一部分销售人员则负责配合，带领客户去房源实地体验，并根据客户阐述的需求和看房的反馈找到最符合客户需求的房源；除了销售人员，门店可能还会设置专门的商务人员，负责与客户签订合同，以及贷款办理和收取房款等工作。

管理机会点是 LTC 流程的核心组成部分，是为客户创造价值的重要阶段，以客户经理、产品经理和交付经理组成的铁三角为核心，拉动其他角色为客户创造价值。企业规模和行业不同，铁三角的组成方式和角色承担的职责也有所不同，执行流程的细致程度亦不同，但是基本管理逻辑是相同的。

3. 合同执行管理

进行了有效的线索管理及机会点管理并签署合同之后，接下来就是合同执行管理阶段。在这一阶段，铁三角团队当中的主要责任人自然是交付经理。

在实际工作中，交付责任人需要根据合同约定负责合同的履约与执行，一旦出现交付风险，要及时与客户进行沟通。当然，如果发生合同变更，交付人员也要配合客户经理，充分审核变更的合理性并评估风险，由客户经理与客户进行协商。

更重要的是，产品交付需要一定的时间才能到位，在这个过程当中，客户的心情会比较急切。为了避免客户产生焦虑心理，交付人员需要将交付状态可视化地呈现给客户。比如，我们在电商平台上购买商品之后，快递的运输路线和到达位置都能实时进行展示，这就是所谓的交付可视化的一种表现形式。

当然，以上提到的只是 LTC 流程运作的简单思路。企业需要在这种思路的引导下，结合自身发展的需要，建立属于自己的 LTC 流程。

我们在前面已经说过，企业的文化会影响员工的思维模式，而员工的思维模式会影响业务的运作流程。如果销售业务流程与企业文化不匹配，那就意味着员工必须调整自己的思维方式，企业必须改变自己的文化、价值观，但我们都知道意识形态层面的改变本身就是漫长而持久的。换个角度来讲，如果企业的销售业务流程与核心文化匹配，那么员工很轻易地就能接受这种业务流程，具体操作起来也会事半功倍。

LTC 作为客户价值创造的主流程，是从“以客户为中心”的核心价值观中生发出来的战略系统，也是铁三角团队工作的平台。**走台阶之所以比爬陡坡更容易到达山顶，就是因为稳定而循序渐进。企业复制铁三角的过程，无异于攀爬一座高山，一步步脚踏实地，更容易到达目的地。**

只有企业确定了自己的销售业务流程，才能明确销售团队在具体的工作中需要承担哪些责任，以及履行责任需要拥有哪些权利。了解到销售团队的责任定位，企业才能更准确地组建自己的铁三角团队；明确销售团队履行责任需要拥有哪些权力，企业才能对铁三角团队进行精准的授权；销售团队掌握了事权、财权和人权，就容易达成销售目标，产生绩效；有了绩效，才能激励好铁三角团队。

关于如何组建铁三角团队，以及设计铁三角团队所需的授权机制、考核机制、激励机制，在前面的内容中我们已经具体讲过，这里不再赘述。接下来，我们要重点讨论的，是能够让铁三角销售体系的复制变得更加简单而高效的数字化系统。

数字化变革，让系统为人赋能

从 2020 年至今，我每次和不同企业的经营者进行沟通时，总会涉及一个话题，那就是疫情。进入 21 世纪第三个十年后，席卷全球的疫情让许多企业的销售场景发生了巨大的变化，客户与销售团队无法见面、合同无法签订、产品无法及时交付，就连巴塞罗那世界移动通信大会也停办了，导致很多常规的宣传及销售活动都无法正常开展。

一系列全新问题的出现，导致许多跨国企业出现了急剧的业绩下滑，有些企业甚至出现了断崖式下跌。而华为的铁三角团队却做到了“外部的伙伴关系和业务关系不中断、客户感情不降温、销售业务不下滑”三大奇迹，一切的成绩，恐怕还得归功于华为数字化转型对销售场景化应用的突破。

华为于 2016 年正式启动集团的数字化转型战略，主动拥抱大数据、云计算、人工智能这三种技术带来的数字化融合机遇。按照任正非的说法，叫“自己的降落伞自己先跳”。在任正非看来，想要赋能整个行业的数字化转型，首先要把华为自己的数字化做成整个行业的标杆。因此，华为将数字化转型定义为整个集团最重要的战略变革。

华为的数字化转型紧紧围绕华为长期主张的价值创造的变革主线，一是让华为的运营更高效，二是不断提升华为客户及用户的价值体验，让客户及用户更满意。

从铁三角的角度来看，华为最主要的业务流可以分为三个：第一个是面向研发和产品创造的产品流，第二个是面向客户价值体验的交易流，第三个则是基于问题到解决的服务流。此外，近年来华为还增加了一个基于市场到线索的营销流。

为了对以上三大业务流进行有效支撑，华为构建了一个从战略到执行的强有力的数字化体系，采用前、中、后台的数字化架构，对各大业务流进行了全方位梳理。

前台实现了更加快速敏捷的用户连接。前端业务能否根据业务场景进行灵活部署、能否通过服务部署能力让业务更加敏捷，这个判断标准十分重要。所以，华为将中台的业务能力进行了梳理和重塑，重新搭建了一个服务化的数字中台。

华为有非常严谨而简单的业务逻辑，从产品开发、生产制造的过程到产品上市，有非常系统化的业务流程，同时又构建了一个非常高效的后台支撑整个业务运行。华为选择业界标准的“软件包”构建业务交易和应用骨干，将大量软件包的功能进行封装，向中台沉淀，前台则采用灵活多样的服务来满足快速多变的业务需要。

在疫情的影响下，华为依然可以实现良性、稳定的增长，数字化转型显然是对铁三角销售团队最为有力的支撑。客户价值链的管控、创造和评价，都仰仗于数字化系统的高效运转。毫不夸张地说，**要想在当今的新常态下复制华为的铁三角销售法，就必须充分学习并借鉴华为的数字化转型思路。**

当然，对企业来说，在复制的铁三角销售模式场景中，数字化系统的价值不仅仅是提升销售流程的效率那么简单。更重要的是，**系统可以为人赋能，系统也驱动着人工作**。

当我们将公司的政策、制度、规则，包括标准、考核指标等统统融入一个自动化的系统中之后，所有的管理动作都会变得可视化。系统又反过来驱动管理改进，从而形成一个自我反馈、自我迭代的有机系统。而公司内的每一个管理者在运作自己原有的知识和技能进行管理时，实际上都是在为这个系统增加能量和智慧。最后，这个系统会凝聚所有人的智慧、能量和知识，变得越来越完善，越来越完整，越来越智能。

我相信大多数企业经营者都清楚，一个完善的数字化运营系统对企业的持续发展有多么重要。传统的以人来治理企业的经营模式，在实际的运作中有很大的不确定性，而这种不确定性的主要来源就是人的主观意识。但数字化系统是科学的、数据化的，未来甚至是智能的，它激励并衡量着人的行为。这样一来，企业员工的主动性和创造性会越来越高。

说到这里，我们可以大胆地设想一下：未来，一个凝聚了企业内部所有人智慧的数字化系统，搭配人工智能的设计，就可以逐渐掌握自主学习、自主驱动、自主决策的能力，最终形成一个高度智能化的企业经营系统。到那个时候，就不再是组织为人赋能，而变成了系统给人赋能、给组织赋能；甚至这个系统还会拥有自主修复的意识和能力，可以根据自己的发展需要，自主选拔和赋能人才。

无论是从当前企业复制铁三角销售体系的需求出发，还是从未来长远发展的角度出发，企业都离不开数字化系统的赋能。那么对其他企业来说，应该如何完成自己的数字化转型，为新常态下的铁三角销售法复制提供基础条件呢？在这里，我们不妨借鉴包括华为在内的优秀企业的数字化转型思路，从数字化营销、数字化交易、数字化采购和供应、数字化办公这四个维度进行设计。

1. 数字化营销

数字化营销，顾名思义就是利用数字化平台进行营销和宣传。相对于传统的营销渠道，数字化营销具有无边界、无时空限制的特点，能够更快地将企业营销和宣传的内容传递给更多的客户，从而在最短的时间内扩大企业的影响力。

在这次新冠肺炎疫情中，华为打破了传统的客户现场会的宣传模式，将公司展会、展厅全部实现数字化，搬到了线上。巴塞罗那的世界移动通信大会虽然没有举办，但是通过网络平台的数字化展厅，客户可以很安静地在家里观看华为所有的产品发布，聆听公司各种新技术、新趋势的讲解，甚至还可以与现场的专家团队进行一对一的问答。

无独有偶，受疫情影响，中国白酒行业博览会也无法在线下容纳太多的人参观。所以，很多白酒品牌都选择了通过在线直播的方式进行同步营销。无法到达展会现场的消费者可以从企业官方平台的直播入口进入直播间，同步观看博览会召开的情况，还能通过弹幕的方式向主播提问。

企业利用数字化平台，可以极大地扩大公司营销、产品宣传的深度及广度。原来很多企业为了与客户进行深度沟通，只能不停地往返于世界各地。但现在，借助数字化平台，企业可以同时与很多国家的不同客户进行在线会议，这极大提升了营销效率。

2. 数字化交易

随着电子商务越来越发达，越来越多的企业开始在线上做生意，在市场规模不断扩大的同时，交易方式也在逐渐从线下转移到线上。而数字化交易，就为铁三角销售团队提供了无接触/全在线交易的可能性。

疫情期间，意大利的网络容量需求增加了近一倍，客户非常着急地联系当地的华为铁三角团队，要下单扩容。交易意向很快便达成了，但是出现了一个戏剧性的问题：合同无法签订，原因是客户无法与铁三角团队见面。

众所周知，华为是一个高度契约化的公司，交付经理没有看到合同，肯定无法交付产品。为了解决这个问题，华为开始构建面向客户的全程全链、无接触式的订单接收、合同签订模式，包括交易价格的确定。从疫情发生到2021年年初，华为与客户的绝大多数业务交易都没有受到疫情的较大影响。根据华为内部财务系统统计，2020年华为总营收1367亿美元，增长11.2%，利润99亿美元，增长10.4%。（以上数据来自第一财经）

3. 数字化采购与供应

疫情导致全球供应链的形式变得异常复杂，过去只要有客户购买，企业就可供货。但是现在，一个产品可能因为缺少一个非常不起眼的螺丝钉就会停产，导致订单无法交付，甚至为企业带来巨额损失。在目前的市场形势下，数字化采购和供应已经成为一种必然的市场发展趋势。

在这种情况下，企业需要构建更大、更全面的供应商数据和准确的物料、资产数据的配比关系，通过为供应链提供全程数字化服务，帮助企业更全面、更深层次地管控供应链的风险。简而言之，就是通过大数据技术为采购和供应工作赋能，用最短的时间、最少的资源、最快的速度完成采购和供应任务。

水滴筹是国内首个个人大病求助互联网服务平台，到2020年已经为求助者筹款总额超过330亿元人民币。虽然是公益平台，但同样也需要一定的宣传和推广，所以水滴筹经常采购一些宣传物料，比如礼品和印刷品等等。过去，水滴筹主要是通过线下采买的方式进行采购，但随着采购数量、采购内容的逐渐增加，线下采购效率低的问题逐渐凸显。

于是，水滴筹开始寻求转型，想要通过数字化采购来提升采购效率。

水滴筹与一些数字化采购平台合作，借助平台的力量在公司内部引入了数字化采购系统。在这个系统当中，集成了供应商管理、采购分析、财务协同、预算下发等功能。企业可以通过简单的出库入库操作去记录现有物料的数量，而系统会自动分析出哪些物料需要补货，需要从哪个供应商手里采购，需要多少预算。企业员工只要进行简单的审核和确认操作，就可以高效地完成采购工作。

4. 数字化办公

疫情影响的不只是企业与客户之间的沟通，还有企业内部各个团队之间的直接交流。在这种情况下，一个完善的数字化办公系统，能够提供在线即时交流的功能，让企业内部的沟通变得更加顺畅。当然，即便没有疫情的影响，在正常的环境中，数字化办公的效率也要优于传统的办公方式。

华为在全球共有 19 万余名员工，很多业务都需要全球协同，如绝大多数的手机要在武汉进行测试。如果没有一个高效的远程研发、办公平台，华为手机业务在武汉疫情暴发时期，必然会受到很大影响。

在疫情发生之后，华为的数字化部门快速部署和调整了远程办公方案。举个例子，基于华为云 WeLink 的全球会务量，在疫情期间增长了数倍，并在多方会议的并发高峰中创造了零事故的业界奇迹。诸如此类的一系列数字化转型，较好地解决了全球研发体系异地多场景的远程办公问题，保证了华为快速响应客户需求的办公要求。

数字化转型不是引入系统就能轻松完成的简单课题，而是需要从思维到实操的多维度综合性转变。所以，企业不能用主观意识来评判转型结果，而是要用数据说话。正如一个人去检查身体，身体是好是坏不仅要听医生怎么说，还得依靠检查单上的数据来辨别。**想要预见未来就必须有数据支撑，从感性的预见变成理性的预见。**

在如今疫情常态化的新销售时代，很多企业都在期待一剂能够解决全新销售困局的“良方”，都想进行数字化转型而不知道怎么转。从我个人的经验和华为的案例来看，要实现数字化转型，必须敢于尝试，将之作为公司级战略来实施，并积极借助外脑智慧为企业助力。同时，所有企业的数字化转型必须围绕“以客户为中心，为客户创造价值”来构建，实现客户更满意、运营更高效。

附录

销售人员工具箱

第一次拜访客户如何策划？

初次拜访客户，关键不是你给客户传递了什么，而是客户接收到了什么？**失败的准备就是准备失败**！

1. 想清楚：拜访前有策划

（1）分析客户的背景和基本信息，主要包括：

- 客户的行业信息
- 客户的公司信息
- 客户的产品、解决方案信息
- 客户合作伙伴的相关信息

- 客户的个人信息（教育、经历、性格、爱好、负责的工作……）
- 项目现状
- 双方关系

……

（2）确定拜访要达成的目标

- 了解客户需求
- 建立双方信任
- 获取相关信息
- 争取项目支持
- 建立业务合作关系

……

（3）拜访过程策划

- 见面的时间、地点、人数、形式……
- 需准备的汇报材料、企业文化礼品……
- 我方人员形象、服装……
- 开场白
- 营造轻松的氛围
- 我方的发言顺序、分工，展现专业、简洁明晰
- 设想客户可能提出的问题、可能的反应及对策
- 总结和争取客户的承诺

……

2. 写清楚：给客户准备的材料，一定要让客户看得懂

（1）根据客户背景、需求和痛点，进行客户化定制，让客户

觉得有价值。

（2）符合公司统一的材料制作要求。

（3）主题明确，结构完整，逻辑清晰。

（4）需要当场宣讲的PPT，要风格得体，能够留住客户视线。

3. 讲清楚：讲客户听得懂的语言

（1）重要汇报，一定要先在公司内部试讲。

（2）少用生硬的专业术语、缩略语。

（3）站在客户角度，察言观色，注意倾听，听懂客户真实意图，表达时观点鲜明，聚焦客户感兴趣的问题。

（4）关注重点客户诉求，也要照顾到其他客户。

如何保持稳定的客户关系？

客户关系如同谈恋爱：日思夜想、敢于投入、舍得时间、受得委屈。

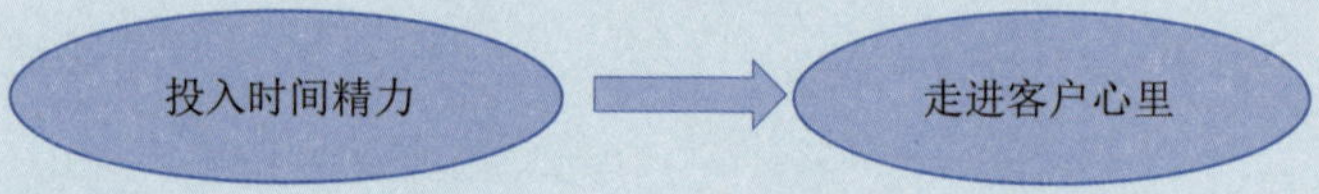

1. 知己知彼

（1）尽量多了解客户信息，并建立客户信息档案。

（2）获取关键客户的 KPI，了解其需求和痛点。

（3）了解客户的性格特征和沟通风格（谨慎型/稳健型/支配型/影响型）。

（4）认识自我，匹配客户兴趣点和风格，充分发挥长处。

2. 保持连接

（1）利用自身优势和客户特点进行匹配，寻找和客户的连接点，可以是相同背景经历、相似爱好，也可以是互补点、欣赏点。

（2）激发客户“好为人师”的兴趣点，使之找到成就感。大部分人都喜欢这种感觉。

（3）客户不是单纯的购买者，打造客户的参与感，让其能够参与到产品的设计或价值创造中。

（4）把握节奏，循序渐进，逐步提升连接的强度。既要勇于打破边界，又要善于把握尺度。保持尊重，让客户始终觉得舒适与安全，没有太多防备心理，同时要扩大接触面，用合理的手段去试探和验证，推动客户关系向更深发展。

3. 保持客户连接的十大方法

（1）日常拜访交流：指销售人员日常非正式的对客户个人的拜访（包含见面、微信、朋友圈互动、邮件等）。

（2）正式专题交流：针对某个主题（技术、方案、市场、生态等），我方团队与客户团队进行正式交流活动。

（3）参观体验：邀请客户参观样板点等。

（4）组织团队活动：组织双方团队或部门的联谊活动。

（5）联合发布：与客户就约定的主题进行公开的联合宣传、推广等营销活动。

（6）高层发送信函：推动公司高层对客户发送正式函件，包括邀请函、祝福函、感谢信等。

（7）邀请公司考察：邀请客户到总部或分支机构、研究所进行参观、交流、体验等等。

（8）策划高层拜访：策划公司高层拜访客户。

（9）参加展会论坛/管理研讨：邀请客户参加由公司或者第三方组织的展会论坛或管理研讨活动。

（10）举行高层峰会：组织双方高层就战略、合作等进行探讨、对标。

4. 积累信用

信用＝专业能力×靠谱×连接度×时间

专业能力：知识、技能、经验

靠谱：老老实实做人，踏踏实实做事

连接度：与客户连接的频度、广度、深度

时间：日久见人心

5. 合理诉求：

（1）保持弹性：使用客户关系，不能一次性把要求提得太满，要有一定弹性，让客户有运作的空间。

（2）多点支持：提前做好其他层面或环节的客户关系，让客户可以“顺水推舟”或者“锦上添花”，支持项目。

（3）敢提要求：只要是提升客户价值或解决客户痛点的诉求，要敢于提出。

使用客户关系，就像使用信用卡：不刷额度上不去；常刷常还，越刷额度越高；刷爆了封卡！

如何策划客户考察公司方案？

邀请客户考察公司是迅速拉近客户关系、取得客户信任的有效手段之一。一定要把握住客户考察公司的每一次机会，精心策划。

1. 接待方案基本流程

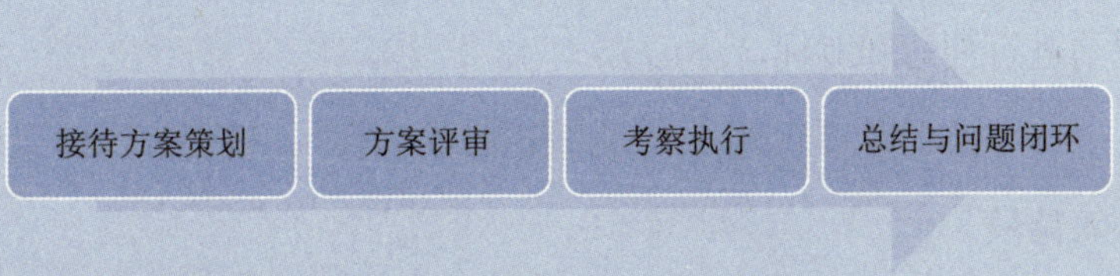

2. 整体考察方案七大要素

（1）客户：必须深刻理解客户的业务诉求、痛点、兴趣点，避免强行给客户灌输和安排客户不感兴趣的内容。可以总结为5

个“什么”（看什么、听什么、讲什么、见什么、送什么）。

（2）技术：针对客户业务痛点和需求，确定交流的主题和交流的专家，同时准备技术和方案交流材料，交流材料必须提前评审。

（3）体验：根据客户的业务需求和特点，安排对公司展厅、体验中心、实验室、样板点等的参观和体验。

（4）领导：注意层级对等，确认参与接待的领导、专家，提前沟通和确认领导会谈的主题。

（5）礼品：在不违反法规和风俗习惯的前提下，准备礼品，可以是文化礼品，也可以是公司相关产品，或者定制的礼品等。要确认礼品在哪个环节，由谁来赠送。

（6）行程：包括接送机、酒店、餐饮、参观等。

（7）评审：根据客户的级别确定参与评审的主管层级。

3. 考察执行

（1）提前确认资源：领导、专家、公司展厅、样板点、礼品、宴会、接送机……各种支撑资源都需提前确认。

（2）内容对标：要与交流的领导、专家就会谈和交流的内容提前进行沟通和对标。

（3）征询客户意见：及时将安排通知客户，根据客户的意见沟通调整。

（4）关注反馈：在考察过程中随时随地关注客户的反馈，灵活应对。

4. 考察总结与问题闭环

（1）考察总结、总体效果评估和目标达成情况审视。

（2）双方高层会谈纪要整理、审核及发送。

（3）对客户考察中反馈的问题和诉求要跟踪与落实。

（4）安排好任务责任人和下一步计划。

（5）销售线索跟进。

（6）回访计划，后续互动。

（7）向客户代表团和公司参与接待的领导和专家致谢。

如何拓展组织型客户关系?

组织型客户关系是牵引大客户长远合作的发动机，最终体现为双方签订战略合作协议或框架。

1. 哪些客户适合建立组织型客户关系

（1）有良好的合作基础：合作规模大、合作面广。

（2）有能力和影响力：在行业内有影响力，技术能力强。

（3）有意愿：相互信任、利益共享。

（4）有价值：对彼此都有稳定的贡献或战略价值。

（5）合作有未来：双方战略匹配，可长期持续合作。

2. 建立组织型客户关系的主要方法

（1）联合品牌营销活动

- 联合现场会、发布新产品
- 联合品牌、软文发布

- 联合参展
- 双方高层论坛

（2）战略对话

- 举行高层峰会
- 高层互访
- 产品路标交流
- 邀请参加战略研讨

（3）联合创新，养育“共同的孩子”

- 建立联合创新中心
- 共同构建行业标准
- 共同构建新商业模式

（4）管理、培训、业务对接

- 举行管理研讨
- 培训交流
- 双方业务流程对接

（5）构建例行沟通机制

- 年度例行高层沟通
- 季度例行中层沟通

如何获得客户的真实想法?

客户关系是基础，要想获得客户的真实想法，首先要有扎实的客户关系支撑，客户在决策链中的重要性越高，其真实想法就越重要。通过**“三分析二验证”**，逼近客户的真实想法。

1. 分析客户顾虑。可以通过假设类的问题，引导客户说出假设在与你合作之后可能会出现的一些风险和问题，提前了解客户的顾虑和担忧。比如：如果排除成本的考虑，您觉得还有哪些方面是您比较关注的？系统上线后，您认为会有什么挑战？也可以用极限类的提问，比如询问现在的某业务中最喜欢哪一点，最不喜欢哪一点。

2. 分析客户意图。客户有时不直接发表对项目的想法或态度，可以通过引用第三方案例来引导客户说出自己的想法。如果客户有类似的情况或者痛点，就会对第三方案例做出点评，从而折射出客户的真实想法。

3. 分析关键客户行为。比如：客户对你提供的方案疑问是多还是少？客户肯不肯花时间讨论你的方案？讨论的范围是宽还是窄，是深还是浅？愿不愿意为你引荐高层？是不是反复与你讨论价格？客户对其他厂商的评价是什么？关键客户的这些行为其实都反映了他对我方项目的态度。

4. 多渠道交叉验证。如果客户关系不能支撑直接获取真实想法和态度，可以和客户身边的人员进行了解，间接获取客户的想法；也可以通过和周边部门的交流来获得客户想法的相关信息。

5. 复盘验证。每次项目结束或者取得阶段性进展，都要对客户之前传达的想法进行校验和复盘并记录，以支撑后续的判断。

销售项目分析会怎么开?

销售项目分析会分两种：例行销售项目分析会和临时销售项目分析会。

例行销售项目分析会通常为周例会或月度例会，在项目冲刺阶段可视情况调整为日例会。

在发生重大变化，影响项目策略落实、计划执行时，立即召开临时销售项目分析会。这些重大变化包括：行业政策发生重大变化，客户需求发生重大变化，客户决策链发生重大变化，竞争对手发生重大变化，自身产品设计方案发生重大变化，自身要求发生重大变化，等等。

参加项目分析会的人员包括项目组核心成员，相关议题相关人员。涉及客户关系分析时采用最小参与范围原则。

销售项目分析会主要内容：

- 总结前期计划执行情况
- 分析、讨论项目运作中的重大机会点和障碍点，形成具体的策略措施
- 根据项目进展和对手情况的变化，适时调整、修正策略
- 确定下一步工作任务计划
- 项目困难和求助

项目分析会内容可参考以下模板。

<table>
<tr><td colspan="2">项目名称：</td><td colspan="2">项目标的：</td></tr>
<tr><td colspan="2">项目组主要成员：</td><td colspan="2">项目预算：</td></tr>
<tr><td colspan="4">项目目标：</td></tr>
<tr><td colspan="2">项目进展阶段：</td><td colspan="2">预签时间：</td></tr>
<tr><td>项目进展及前期计划执行情况</td><td colspan="3"></td></tr>
<tr><td>项目变化、对手变化以及相应的策略调整、修正</td><td colspan="3"></td></tr>
<tr><td rowspan="4">下阶段工作计划</td><td>任务</td><td>完成时间</td><td>责任人</td></tr>
<tr><td></td><td></td><td></td></tr>
<tr><td></td><td></td><td></td></tr>
<tr><td></td><td></td><td></td></tr>
<tr><td>困难与求助</td><td colspan="3"></td></tr>
</table>

如何深入理解客户的招标规则?

招标规则应该要体现客户的业务痛点、先进的技术要求和合理的商务诉求，所以在招标前就要深入理解客户的招标规则，并进行沟通引导，而不是等客户发标后再被动响应。项目成功 80% 在于招标规则引导。招标规则的引导要基于对客户需求和痛点的深刻理解和良好的客户关系。招标规则理解与牵引有以下四个维度：

1. 招标模式

（1）议标：对需要技术对接、工程进度紧急等项目，可以引导客户进行议标。

（2）框架协议：对于优势的成熟产品，可以推动框架协议，分批下单实施，提升份额，保障合同质量。

2. 供应商资质选择

（1）厂商资质：在参与方众多的情况下，为了保障客户的交付质量和交付周期，可以引导客户严格资格预审，设置资质门槛，屏蔽不具备资质的低价厂商。

（2）产品资质：在技术要求高的产品招标中，可以引导客户要求厂商提供严格的产品应用情况和相关资质认证。

3. 评分规则

（1）产品与解决方案：基于客户的业务特点和需求，引导打分表中技术、商务和服务等打分项的权重。

（2）品牌：技术门槛低的产品招标，引导客户注重供应商的综合实力考核，从而拉开与其他厂家的差距。

4. 技术指标参数符合度

基于行业技术发展趋势，引导客户把相关指标写入技术标书中。

如何设立销售项目的目标？

1. 销售项目目标设立需考虑的五大因素

（1）客户预算

（2）产品适配

（3）竞争形势

（4）市场格局

（5）组织能力

2. 目标设立应遵循 SMART 原则

（1）Specific（具体的），不能是抽象的指标或数字。

（2）Measurable（可衡量的），可以量化或者细化。

（3）Attainable（可达到的），需要注意现实目标和挑战目标的平衡。

（4）Relevant（相关联的），比如战略目标和具体目标的关联、销售目标和市场目标的关联、利润目标和份额目标的关联、客户关系目标和竞争目标的关联……

（5）Time-bound（有明确完成时间）。

竞争对手抛低价，怎么办？

在项目竞争中，竞争对手抛出远低于我方的价格，如何应对？答案是：**三看一定**（见下图）。有针对性地采取组合策略来应对，而不是直接和对手比拼价格，两败俱伤。

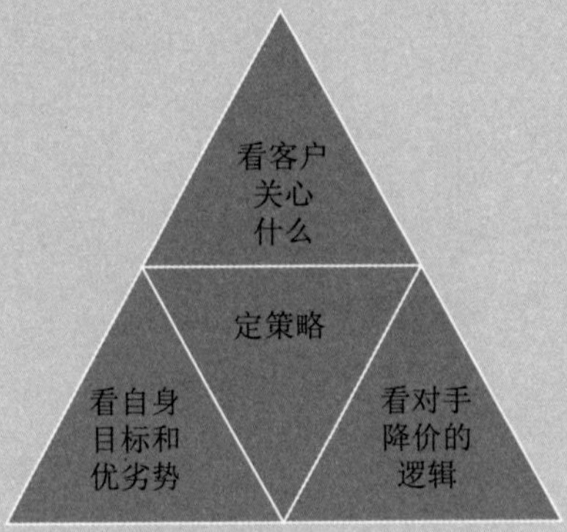

1. 看客户最关心的是什么并进行排序

- 产品和方案的可靠性
- 售后服务
- 技术先进性
- 供应商的品牌
- 价格

……

2. 看自身目标和优劣势

- 我方在这个项目中有哪些优势？
- 我方在这个项目中有哪些短板？
- 我方在这个项目中的目标是什么？
- 我方的客户关系支撑如何？

……

3. 看对手降价的底层逻辑是什么？

- 对手产品低价低质
- 对手质量尚可，但成本比我方低
- 对手解决方案简配
- 对手采取了更加合理的低成本解决方案
- 对手恶意低价竞争，打击我方利润
- 对手力争市场突破

……

4. 定策略

- 引导客户从项目生命周期的角度，综合考虑投资成本和

运营成本的构成最优

- 针对客户痛点，呈现我方方案的综合价值
- 引导客户提高技术门槛
- 引导降低商务条款在评标打分表中的比重
- 提供附加价值（培训、售后服务、品牌……）
- 提供长期合作价值
- 提供更低成本的解决方案
- 组合销售

……

客户要求降价，怎么办？

眼看要成交了，客户却要求降价，这是销售人员经常遇到的情况。作为一线销售人员，客户向你提出降价要求的时候，你的第一反应是什么？是在盘算自己的成本看看还有多大降价空间，还是琢磨着怎么向公司申请商务条款？

作为一个职业的一线销售人员，首先要思考的是客户为什么要求降价？客户要求降价的真正想法是什么？只有明确了客户真正的想法，才能做出正确的应对措施。所以，**客户提出降价要求的时候，我们首先要做的是对客户要求降价的根本原因做出正确判断，而不是思考怎么降价。**

客户要求降价的六个常见场景分析及对策：

1. **客户还在担心风险和收益。**因为风险和收益与成本是强相关的。这也是很多客户喜欢在决策前砍价的重要原因。在这种场景下，可以引导客户考虑成本之外的因素，比如我方成功的商业案例、可靠的质量保障、良好的售后服务等，打消客户对风险的顾虑。

2. **其他对手抛出更低的价格**。在这种场景下，需要尽快定位谁抛出了低价，找出对手的弱点，让客户意识到和对手合作的风险。

3. **超出客户预算**。在这种场景下，首先摸清客户的真实预算，可以在不影响满足客户标书要求的条件下，调整我方的解决方案，降低成本，调整到符合客户预算的价格。

4. **客户组织绩效要求**。客户并不真心认为我方价格高，要求降价是为了满足组织绩效要求，显示其在谈判中的能力，以获得更高层主管的认可。在这种场景下，我方可通过更加灵活的方式，比如适当增加培训名额、延长维保时间等，而不是直接降价，同样也能满足客户需求。

5. **客户有个人诉求**。其目的不是真正想要我方降价，而是客户个人在某些方面有诉求，降价只是借口。这种场景下，如果给客户降价是没有任何效果的，客户肯定还会要求一降再降。需要了解清楚客户个人的具体诉求，以做出合理、合规的对策。

6. **客户只是随口一说**。在这种场景下，有经验的销售人员比较容易做出判断，只要坚持不降，加强客户关系运作，反复几个来回，就可以了解到客户不是真的想降价。

客户的降价要求并不可怕，关键是我们要保持清醒，而不是被客户牵着鼻子走。即使最后不得不降价，也不能随意答应客户降价，否则客户可能会怀疑你的报价是不是水分太多，会进一步提出降价要求。一定要向客户显示我方降价是通过严格核算、审批流程争取下来的。

如何巩固我方优势市场的地位？

在我方占据较大份额的优势市场，客户往往会产生平衡思想，引入竞争对手来牵制我方或者逼迫我方降低商务（包含目录价、成交价、付款进度、赎期、交付进度、验收条款等）。如何打破客户的平衡思想呢？我们可以从**“五个提升两个降低”**来进行思考和运作。

1. **提升客户满意度：**优质资源倾斜，加强售后服务，提升客户满意度。

2. **提升“立体”客户关系：**包括关键客户关系、普遍客户关系和组织客户关系三个层面。

3. **提升客户依赖度：**加强客户的产品培训、管理培训，帮助客户进行市场规划等。

4. **提升组织流程匹配度：**通过流程对接、框架合作简化交易程序。

5. **提升合作维度：**从产品合作到解决方案合作，从商业合作到战略合作，如联合创新、生态合作等，一步步提升合作维度，对对手实现降维打击，多维打少维，高维打低维。

6. **降低商务价格：**在保证合理利润的前提下，可以主动适当降低商务价格或者提供一些其他附加价值，给客户以心理上的平衡，防止竞争对手的突破。

7. **降低风险：**主动对现有应用产品风险进行排查，对客户关系盲点进行排查，不给客户引入竞争对手找到借口。

如何做好合同谈判策划？

1. 谈判时机确认四条件

在互利原则尚未确认和资料掌握不够充分之前就匆匆进入谈判阶段，往往会增加谈判的难度。谈判前需要确认具备以下条件：

（1）客户已给出条件、较明确的合作承诺。

（2）你已经提出了关于商务、解决方案、服务等条款的初步提案。

（3）客户对你的提案提出了歧义，而你无法用你的初步提案去说服。

（4）确认客户已经提出了所有歧义。

如果符合以上几个条件，就可以由销售行为转入谈判阶段。

2. 合同谈判四原则

（1）把人与问题分开：人为因素，可能是助力，也可能是阻力。要做到把人与问题分开处理。

（2）着眼于利益而非立场：寻求互利的解决方案，而非立场之争。

（3）提出多种解决方案：关注沟通利益，提出多种双赢解决方案。

（4）坚持客观标准：包括国际/国家/行业标准、习俗/惯例、法律法规、企业过往实践、专家意见……

3. 解决分歧四方法

（1）利益交换：优先选择，双方获利。

（2）附加利益：无法完全满足客户需要，用其他的价值弥补。

（3）折中：双方各让一步。

（4）妥协：单方面让步，满足客户要求。

4. 高效谈判三步法

（1）谈判开局

- 总结到目前为止已谈事项。
- 确认所有分歧点。
- 提出谈判议程。

（2）谈判磋商

- 陈述具体分歧细节。
- 确认/了解分歧中客户需求的出发点。
- 表达我方具体的需求或困难。

- 商讨解决方案：提出我方解决方案、征询客户意见。
- 如出现僵局：可以提议调整议程。
- 总结讨论并结束此项议题。

（3）谈判收尾

- 明确解决所有分歧的综合方案及最终结论。
- 总结综合方案给双方带来的利益。
- 确认下一步工作计划。

5. 销售合同谈判策划五要素

（1）三方分析

- 自身分析：优势、短板、独特价值、目标。
- 客户分析：需求痛点、项目背景、财务状况、决策人、决策流程、决策时间、谈判策略……
- 对手分析：对手方案建议、目标、客户关系、市场地位、谈判策略……

（2）确定谈判目标

设定符合 SMART 原则的谈判目标。

（3）准备方案

- 确定可能的所有分歧。
- 针对每一个分歧准备尽可能多的解决方案，并对每个方案进行评估，注明每个方案对客户的价值。

（4）整合方案

- 找出客户可能接受的组合方案。
- 评估每一个组合方案对双方的价值。

- 至少准备三套组合方案（最优、折中、底线）。

（5）组建谈判团队

- 选择团队成员：选择懂业务的、有专业谈判经验的人员。
- 角色分工：主谈、技术、服务、商务、记录员……

如果客户不付款，怎么办？

这是一线销售人员经常遇到的场景，合同签了，甚至项目已经交付了，但客户就是以种种理由拒不付款。如何应对？首先，我们仍然要思考客户不付款的真正原因是什么，然后采取对应的措施。

1. **客户资金短缺**。客户出现了资金问题，在这种场景下，我们可以提出更加灵活的付款方案，甚至可以协助客户进行融资。

2. **认为我方产品、方案有问题**。在这种场景下，如果我方产品确实存在问题，就要进行充分沟通，提出客户认可的解决方案；如果只是客户的顾虑，我们可以通过实际产品应用证明、应用案例等，证明我方产品和方案的可靠性。

3. **认为我方交付质量有问题**。在这种场景下，需要迅速排查，如果我方交付中确实出现了问题，就要及时进行整改，甚至更换交付项目经理；如果我方交付并没有问题，只是客户的感知不好，可以通过联合测试等方法提升客户满意度；如果是因为前期销售人员的过度承诺造成某些功能无法实现，需双方协商解决。

4. **出现了恶意竞争对手。**签订合同后，对手搅局抛出低价方案，导致客户对与我方合作“后悔”。在这种场景下，需要尽快定位对手及其商务、技术方案等，找出弱点，突出双方的长期合作价值，同时加强与客户全面沟通和交流，坚定客户与我司合作的决心。

5. **前期客户关系不到位。**这是比较常见的场景，前期运作项目的时候忽略了某些节点上的客户关系，到后期需要付款的时候故意找碴儿。这就需要销售人员判断清楚是哪个环节的客户出了问题，及时弥补客户关系来解决。

6. **恶意拖欠。**可以尝试通过更高层面的客户关系来解决；如果客户就是恶意拖欠，可采用法律手段来解决。

销售项目总结如何写？

销售项目总结通常是还原销售项目运作的真实场景，同时对项目的成功经验和失败教训进行经验总结和自我反思，重在实事求是，通过**“三还原一总结”**来呈现。

1. **项目背景还原**，主要包括：

（1）政治和经济环境

（2）行业政策

（3）客户发展规划

（4）友商情况

（5）客户痛点，项目起因

……

2. **项目策划过程还原**，主要包括：

（1）项目前期的需求引导过程

（2）客户信息收集和分析

（3）竞争对手信息收集和分析

（4）项目分析、目标确定、项目策略制定

……

3. 项目实施过程还原，用叙述的方式描述项目实施过程，主要包括：

（1）客户公关策略及实施

（2）产品与解决方案策略及其实施

（3）商务和融资策略及实施

（4）竞争策略及实施

（5）服务策略及实施

（6）合同谈判策略及实施

……

4. 项目结果及经验教训总结

（1）总结赢在哪里，输在哪里。

（2）哪些信息准确，哪些不准确。

（3）哪些策略全面有效，哪些策略缺失或偏差。

（4）哪些策略实施到位了，哪些策略没有到位。

（5）哪些决策前提不对，哪些有偏差。

销售项目运作与管理工作清单

一线销售人员在销售项目运作过程中，可以参照**五维度六阶段法**来检查自己或团队的工作是否到位、是否全面（见下表）。

五维度/六阶段		线索阶段	机会点验证阶段	标前引导阶段	制订提交解决方案阶段	谈判/签订合同阶段	合同执行与回款
客户界面	客户关系	了解客户背景信息、决策链和决策模式	分析客户关系形成“鱼骨图”或“权力地图”	建立有力的项目支撑点	获得关键客户对项目和对手的意见	取得关键客户支持	重视售后相关客户关系建设和维护
		确定目标客户，建立客户档案	拓展支撑点和信息源，分析客户关系短板并制订改进计划	改进项目决策链中的短板	获得关键客户的支持，弱化竞争对手支撑点	取得决策人支持	重视付款相关客户关系建设和维护
	解决方案	了解客户业务需求和痛点	理解客户需求并形成初步解决方案	客户认可我方解决方案优势	客户认为我方方案符合标书要求	对客户的方案谈判进行分析和预判	关注方案变更
		和客户确认业务痛点	与客户一起探讨痛点的解决方案	我方解决方案优势是否在标书中体现	客户对我方和对手方案有充分比较，认可我方方案	有清晰的解决方案价值呈现和谈判策略	
	商务分析	了解客户现有的招标评分规则等	摸清客户的投资预算	客户认可我方的商务模式优势	分析对手历史商务信息，制定商务策略	对客户的商务谈判底线有分析与预测	关注合同变更
		了解客户的商务诉求	同客户一起探讨商务模式与方案成本能否匹配预算	我方商务模式优势是否在标书中体现	客户化、有竞争力的商务报价	有清晰的商务谈判底线与谈判策略	
	竞争分析	摸清潜在竞争对手信息	明确主要竞争对手及客户对其方案、商务等的评价	对竞争形势进行客观分析	了解对手的投标策略	了解竞争对手谈判策略	关注竞争对手动态
		了解竞争对手与客户的关系状况	了解竞争对手的主要支撑点	制定竞争策略	了解客户对对手方案、商务的态度	了解对手在谈判期间是否会提交新的方案	

（续表）

五维度/六阶段	线索阶段	机会点验证阶段	标前引导阶段	制订提交解决方案阶段	谈判/签订合同阶段	合同执行与回款
内部管控	及时将线索信息录入系统	完成立项评审、项目定级等	例行召开项目分析会，汇报进展，困难求助	完成投标决策评审会	及时召开合同决策评审会	交付风险识别与应对
	对线索进行跟踪和培育	组建项目组，完成项目组任命	定期发送项目周报	确保所有承诺经过相关评审	制定谈判策略并做好谈判准备	回款风险识别与应对
		召开项目开工会，制定目标及策略	及时识别风险并预警，制定解决措施		对交付风险进行识别和谈判	

结 语

华为 34 年的发展，充满着不确定性，从求生存到求发展，再到求生存，演绎了一家企业顽强成长的生命历程。华为每一个阶段的发展，都伴随着轰轰烈烈的业务变革，尤其是在销售体系，华为一直在不停地通过变革来探索成功之道。

本书试图通过把铁三角运作这个点展开来诠释华为销售的底层逻辑，就是 LTC 端到端业务流程架构与执行流程。一线铁三角是这个流程实现客户价值创造的核心角色与组织逻辑；项目经营是铁三角的经营逻辑；而 LTC 流程相关的制度、规则、授权、标准、内控、绩效指标与流程结果要求，是 LTC 端到端业务流程的管理逻辑。这些销售的底层逻辑是没有行业界限的。

我坚信，TOP（高端）客户的战略必须牵引企业的战略，

LTC 端到端业务流程正是对准客户业务流程和采购流程而设计的，目的就是实现“客户更满意，运营更高效”的追求。

铁三角销售法不仅是销售思想的升华，也是用科学和技术寻找新的生产力要素、用变革和管理探索先进的生产关系的实践。相信思想的升华可以提升企业的格局，科学的方法和先进的技术可以提升企业的效益。因为相信，所以看见；见微知著，洞见未来。

在过去 5 年的管理咨询工作中，我感受到了中国企业群体崛起的力量。我相信未来 30 年，中国将会涌现出无数像华为一样的企业，除了深刻认知技术的驱动力，还会认知管理智慧的力量。他们是幸运的，因为有人曾经在前面走过了荆棘，蹚过了险滩，爬过了雪山……

我希望本书能够给广大读者以启迪和借鉴，产生思想的共鸣，打破原有的思维框架，获得思考与探索的灵感。当禁锢人们思维的锁链被粉碎，智慧就会像一粒粒欢快的光子，飞速钻进大脑皮层肥沃的土地里，生根、发芽、生长……

本书在编写过程中借鉴了华为大量的销售理论、方法、工具，这是无数华为人智慧科技的结晶；同时也参考了大量华为管理方面的著作，在此对这些著作的作者一并表示感谢！传世智慧科技有限公司的部分顾问对本书的编写做了大量的工作。特别感谢赵劲松和郭建青两位老师参与本书的审阅和定稿。

参考文献

1. 黄卫伟主编 . 以客户为中心 [M]. 北京：中信出版社，2016.

2. 田涛 . 理念 · 制度 · 人 [M]. 北京：中信出版社，2020.

3. 黄卫伟主编 . 以奋斗者为本 [M]. 北京：中信出版社，2014.

4. 田涛，吴春波 . 下一个倒下的会不会是华为 [M]. 北京：中信出版社，2012.

5. 黄卫伟主编 . 价值为纲 [M]. 北京：中信出版社，2016.

6. 兰涛 . 华为智慧 [M]. 北京：人民邮电出版社，2020.

7. 胡赛雄 . 华为增长法 [M]. 北京：中信出版社，2020.

8. 田涛 . 我们为什么要做企业家 [M]. 北京：中信出版社，2020.

9. 华为公司数据管理部 . 华为数据之道 [M]. 北京：机械工业出版社，2020.

10. 夏忠毅编著 . 从偶然到必然 [M]. 北京：清华大学出版社，2019.

11. 程东升，刘丽丽 . 华为三十年 [M]. 贵州：贵州人民出版社，2016.

缩略语表

AAR: after action review ，事后复盘

AI： artificial intelligence，人工智能

AR： account responsible ，客户负责人或客户经理

ATAC： authorize to amend contract，合同变更决策

ATB： authorize to bidding，投标决策

ATC： authorize to contract，签约决策

ATCC： authorize to close contract，合同关闭决策

ATI: authorize to invest，立项决策

BGSDT： business group sales decision team，事业部销售决策团队

CDMA： code division multiple access ，码分多址接入

CRM： client relationships management 客户关系管理

CSDT： company sales decision team，公司决策团队

FR： fulfill responsible ，交付负责人或交付经理

GSM: global system for mobile communication，全球移动通信系统

IPD： integrated product development，集成产品开发

ISC： integrated supply chain，集成供应链

ITR： issue to resolution，从问题到解决

KPI： key performance indicator，关键绩效考核指标

LTC： lead to cash ，从线索到回款

MCE： manage contract execute，管理合同执行

MCR： manage client relationships ，管理客户关系

MTL： market to lead，从市场到线索

PMO： project management office，项目管理办公室

PO： purchase order，订单

RSDT： region sales decision team，地区部销售决策团队

SDT： sales decision team，销售决策团队

SR： solution responsible，产品方案负责人或方案经理

TCO: total cost of ownership，总拥有成本

TVO： total value of ownership，总拥有价值

VOC： voice of customer，客户之声